大展好書　好書大展
品嘗好書　冠群可期

大展好書　好書大展

品嘗好書　冠群可期

實用武術技擊 22

詠春拳入門必讀

附VCD

韓廣玖 著

大展出版社有限公司

作者與溫球大師合影。溫球為黃飛鴻弟子林世榮的入門弟子。

作者與譚迪師傅合影

作者與彭南師傅合影

作者與葉問宗師兒子葉准合影

作者與世界武打名星李小龍的胞姐李秋勤女士合影

作者教弟子腳法

作者與徒弟與戰友陳志就合影

永春拳初伏深山猛虎
李點棍速傳碧海蛟龍

佛山永春拳為詠春之精華
永春同門馮耀倫贈
韓廣玖先生共勉 戊寅歲夏日於佛山
佛山怡樂若乃字樓敬書

詠春同門韓廣玖先生秉承佛山詠
春大師彭南師傳遺頤著書宏揚佛山
詠春拳術其傑出之貢獻在國內外影響
深遠現已有眾多國內外人士紛紛購買
或訂購此刻擧不獨是他本人之光榮作
為佛山詠春同仁亦感到自豪我萬分感
動並祝賀他成功巨著留傳萬世
戊寅夏日精武會
馮耀倫敬書

武術前輩題詞贈作者共勉，
並由佛山書法家抄正。

前　言

　　詠春拳有著悠久的歷史，它與其他拳種一樣，是中國寶貴文化遺產的一部分。多年來，我們一直希望能把佛山詠春拳介紹給廣大的武術愛好者。但當我們準備著手撰寫該書的時候，彭南師傅卻離開了我們。他生前曾多次對弟子說：「希望能把我擅長的詠春拳整理成書並出版。」師傅的話至今還常常在我的耳邊回響。

　　回想跟彭南師傅學藝的日子，至今猶歷歷在目。記得1993年初的一天，彭南師傅把我叫到跟前說：「小韓，你一定要堅持把詠春拳練好。我已老了，為了不讓詠春拳失傳，趁我還能動，再教你一套『椿影拳』吧。」我聽了非常高興，因為當時師傅已「金盆洗手」，不再教學了，可是他現在又肯教我，這可能是技傳有緣人吧！

　　一天，當我們練到「破敵全仗雙飛掌」時，師傅差點摔倒。我急忙上前把他老人家扶起，讓他歇一會兒。師傅卻嚴肅地對我說：「學藝最怕的就是半途而廢。你想古今習武者有多少，而達者又有多少呢？學拳一定要有一往無前的精神。」在彭師傅鍥而不捨的精神鼓舞下，我終於學完了「椿影拳」、跌打論、跌

打要訣和至今還鮮爲人知的「詠春秘傳四季血脈點穴法」、「詠春先師秘傳血遺訣」。師傅還把先師遺訣送給了我。

如今回想起他老人家的教誨，常常勾起我無限的追憶。師傅生前對我們講了很多關於詠春門的傳說和逸事，希望我們弟子中有人能早日把詠春拳整理成書。因爲這不僅是佛山詠春門的驕傲，同時也可使詠春拳能流傳於世，發揚光大。

我出生在一個武術世家，父親學過多家拳術，兄長練就了一手過硬的鷹爪拳，同是我詠拳門師兄。由於受父兄的耳濡目染，我從小就對武術產生了濃厚的興趣，曾先後拜過多位大師學藝。

他們分別是佛山的歐榮鉅師傅（學習太極拳、六合八法拳、劍術）；張槎大富村的譚迪師傅（學習蔡李佛拳，譚迪是廣州譚三宗師的同門）；少林大師行常（學習散打及氣功）；佛山精武門老會員禤液師傅（學習南拳及八卦掌和各種器械）；精武會助教吳七（吳贊生，學習十二路譚腿）；石啃的倫英（學習廣州蔡李佛——北勝）；湖南藍山寺早昆法師弟子黃聖力（學習氣功、達摩面壁功和鐵砂掌）；武林大師黎日晴師傅（學習精武系列套路）；帶藝拜蔡李佛前輩梁錫開（學習鴻勝套路）；帶藝拜黃仁智大師（系統學習詠春拳）。

後來在部隊又受過專門的散打、格鬥、擒拿等訓練。至於學習詠春拳那是一個偶然的機會。

1980年10月，我剛從邊防部隊退伍回佛山，由於

我有多年習武的特長，在工作分配時我被安排當了一名人民警察。當時年輕氣盛的我自恃有軍拳、擒拿、格鬥和南拳於一身，有時會流露出一點傲氣。

一天，報社的一位朋友陳先生對我說：「你打拳可以以迅速、有力來擊敗對手。但你可見過『四兩撥千斤』，連削帶打的詠春拳嗎？」當時我是半信半疑，於是就托陳先生帶我去見識見識。陳先生這一引見，使我有幸成為彭南師傅的弟子，詠春拳成了我一生不悔的追求。

當時我問彭南師傅可否打一套拳給我看看，彭南師傅很謙虛地打了一套「小念頭」。當時我對詠春拳了解得不多，見其動作緩慢而平常，心想這能否有實戰價值呢？所以我就冒昧地請彭南師傅過招。彭南師傅站起來和我搭起手並叫我攻擊，我想彭南師傅年紀那麼大，便說道：「還是你來攻擊我吧。」只見他笑了笑，對我說：「來吧。」瞬間竟連拍了我胸部兩下。令我莫名其妙，明明我們是手搭著手，可是怎麼會一下就被甩開呢？後來我向彭南師傅請教，他便給我解釋了這種拳法的要領……

耕攔攤膀，黏摸蕩捋，推托拉按，纏撞掛漏，曲手留中，來留去送，甩手直衝，按頭起尾，按尾起頭，按中間飄膀起。他指出這拳的特點是深藏不露，練的是六合（內三合：心與意合、意與氣合、氣與力合；外三合：肩與胯合、肘與膝合、手與足合）。六合好便可以拳拳占先，再憑拳、掌、腕、指打或是手黏手，使對手無法走……

彭師傅對武術深博的造詣和精湛的武功使我佩服得五體投地，便提出拜他爲師，彭老見我好學上進，便答應下來。從此以後我便開始系統地學習詠春拳。

　　二十幾年的時間一晃就過去了，彭南師傅的教誨，還常常鼓勵和鞭策著我，經過多年的辛勤耕耘，今天，詠春拳系列叢書終於順利出版，與廣大讀者見面。在此，我要感謝我的家人和朋友的關心支持，感謝佛山市楊偉江先生拍攝工作上的大力支持。

作者簡介

　　韓廣玖　1956 年出生於廣州，自幼隨父習武，16 歲從名師譚迪修蔡李佛拳，20 歲參軍入伍並在邊防部隊磨練多年，20 世紀 80 年代，先後師從詠春拳（梁贊派系）嫡傳八代傳人彭南及佛山太極宗師區榮鉅研習詠春拳及楊式太極、六合八法等拳術，同時專注於南派武術的系統研究並卓有成效，是中國武術段位五段武師，佛山武術協會理事。曾任廣東省佛山市精武體育會第 23、24 界理事，佛山市詠春活動中心副主任。

　　韓廣玖先生視研究和弘揚中華武術爲畢生事業，不僅爲此傳藝授徒，還注重深入生活，博取各家之長，突破傳統地域的限制，結合實際變通創新，逐步形成自己獨特的技藝風格，並提筆整理撰編武術專

著。已先後出版了《羅漢伏虎拳》、《蝴蝶雙掌與蝴蝶雙刀》、《鐵弓三線拳與行者棍》和《五形拳與十八纓槍》等多部南少林武術書籍，豐富和充實了中國傳統武術理論思想寶庫，爲海內外武術愛好者提供了重要的參考資料，深受海內外武術愛好者的青睞。

目　　錄

彭南師傅簡介 ………………………………… 15

詠春拳源流 …………………………………… 19

詠春門前輩 …………………………………… 23

詠春拳基礎 …………………………………… 27

　一、 詠春拳的特點 ………………………… 27

　二、學習詠春拳的基本要求 ……………… 31

　三、學習詠春拳的基本程序 ……………… 33

　四、詠春拳的基本手型及用法 …………… 37

　五、十三個基本散式 ……………………… 42

詠春拳的基本功法 …………………………… 47

　一、馬步訓練 ……………………………… 47

　二、擺樁訓練 ……………………………… 54

　三、移馬訓練 ……………………………… 56

　四、功力訓練 ……………………………… 59

　五、日字沖拳與掄中的訓練 ……………… 88

六、鏟手轉拉伏及直沖拳的訓練與應用 ………… 127

七、攤膀手的訓練與應用 …………………… 128

八、耕手的訓練與應用 ……………………… 133

九、攔橋手的訓練與應用 …………………… 136

十、拍手的訓練與應用 ……………………… 145

十一、拉手的訓練與應用 …………………… 147

十二、托手的訓練與應用 …………………… 149

十三、帶、割掌的訓練與應用 ……………… 152

十四、弓背掌的訓練與應用 ………………… 155

十五、環抱掌的訓練與應用 ………………… 158

十六、圈腕訓練與應用 ……………………… 160

十七、三品掌的訓練與應用 ………………… 167

十八、攤手的訓練與應用 …………………… 180

十九、肘部的訓練與應用 …………………… 183

二十、膝部的訓練與應用 …………………… 190

二十一、腳法的訓練與應用 ………………… 193

二十二、手腳併用的訓練與應用 …………… 202

二十三、淺談消解腿法 ……………………… 204

附錄　詠春拳師承表 ………………………… 206

彭南師傅簡介

　　彭南師傅生於1911年12月24日，家住廣東佛山高基街223號。彭南師傅身材不高，但雙目炯炯有神。他13歲便開始習武，初學少林拳、洪拳、跌打和詠春（傳說是快手詠春）。在36歲時（1947年）改師從招就大師學習詠春拳。招就大師是佛山詠春門梁贊大師之徒陳華順弟子陳汝棉的嫡傳弟子，善習詠春拳（招就在1972年病逝於中山石歧）。

　　彭南師傅祖上原籍廣東花縣，清代遷居佛山。彭南師傅右臉上有一塊巴掌大的黑痣，人稱黑面南。彭師傅的名字在廣州、佛山、中山、南海和三水等地的武林前輩中無人不知。

　　在師傅家中的廳堂裏有木人樁，牆上掛滿了多種兵器，刀槍劍棍樣樣俱全。他對那些「夥伴」總是愛不釋手，數十年如一日地堅持練武，從不間斷，練就了一身精湛的詠春拳，深得武術界朋友們的稱讚和敬佩。

　　彭南師傅退休後仍堅持練功不止，並在古稀之年仍悉心地教授弟子習拳，時常給我們講詠春拳的源流和它的種種逸事。

　　彭師傅在30歲前就苦練了多種拳術，在師從招就大師之前，也曾學習過詠春拳，但只是外簾手，但他不忌眾議

地向同齡的招就大師學習詠春拳。彭師傅在晚年時還常常告誡弟子：學武一定要摒除門戶之見，不然就難得進步。

新中國成立後，彭南師傅參加了1957年廣東省武術觀摩賽，大會邀請黎葉篪大師做嘉賓，彭南師傅因此而結識了黎葉篪大師（1898-1970）。按輩分，黎葉篪大師應是彭南師傅的同門師叔公，彭南師傅拜識了黎葉篪大師後，就常常向他請教黏手，而且每次都是輕而易舉地被黎葉篪大師制服。

日久，在彭南師傅的虛心請教下，黎葉篪大師毫無保留地把技藝傳給了彭南師傅，指出其精髓之所在是「來、留、去、送」的拳訣（就是說伺對方在失勢的一刻，以內家的手法將對方擊敗）。從此以後，彭南師傅不斷虛心地向黎葉篪大師求教，並盡得其衣缽真傳。

彭南師傅熱心參加佛山精武會的工作，為佛山詠春拳研究會的成立做了大量的工作。晚年，彭南師傅為能把佛山詠春拳整理成書出版，為詠春拳的傳播和發揚光大做了大量挖掘和整理的工作。

彭南師傅一生曾師從過多位大師學藝，他們分別是：甘珠師傅（1931年）；馬芬師傅（1942年，習南少林拳）；陳添師傅（1943年，深造少林拳）；李梓彬師傅（學舞南獅、正骨、傷科、雜症和武術）；招就師傅（1947年，學詠春拳）；梁細蘇師傅（學南少林、器械）；伍文龍師傅（學氣功「五指枚」）。彭南師傅一生對武術的學習和研究從不間斷，從不滿足。

彭南師傅晚年授徒，以詠春拳為主。由於歷史的原因，詠春拳在佛山一帶流傳較廣，這門內涵極為豐富的南

派少林內家功夫注重的是實戰，招式樸實無華。拳訣上所述的「勢無定式，落地生根」，意思就是曲手留中、來留去送、出手隱蔽、陰柔不露、拳勢剛柔相濟、內外兼備、上下相隨，所以，詠春拳是一種重技術、勢無定式的拳術。

晚年的彭南師傅對詠春拳的小念頭、尋橋、標指和八斬刀等做了大量的整理工作，並希望日後能夠成書出版，為此還留下了詠春拳的秘訣：

手法：耕攔攤膀，黏摸蕩捋；推託拉按，纏撞掛漏；曲手留中，來留去送；甩手直衝，按頭起尾，按尾起頭，按中間飄膀起；敵移動，重心空，手黏手，無法走；大閃側，小俯仰，小閃側，大俯仰；審勢牢記（注：審勢指眼法來講，它是克敵制勝的前提。拳經曰：拳貴在審時勢。審勢有兩個含義，對自己來說是蓄勢，對對方來說是乘勢）。二橋上勢，裏簾必爭。明動靜，知歸去，知有無，知進退。一拳一掌（注：打擊有三停，一停於肩窩，二停於肘拐，三停於掌根。若想貫力於掌根指尖，必須常練「小念頭」，並要持之以恆，便可水到渠成，氣隨意發），一馬一步，步要輕靈，馬要穩，腰胯動，橋不動，橋動腰胯不動。

步法：鉤、針、彈、踢。

腳法：寸、拐、撩、殺、踩。

向讀者公開的這些拳訣，不僅是學習詠春拳技術的要領，而且為我們學習和研究詠春拳提供了非常豐富的理論依據，也可以為今後詠春拳的流傳和光大起到積極的推動作用。

彭南師傅於1995年10月28日在佛山逝世。他老人家希望弟子們一定要繼承他的遺願，用心習武，把詠春拳這一寶貴文化遺產整理成書，早日出版。

詠春拳源流

　　據傳詠春拳的創始人是一塵庵主，他是河南嵩山少林寺弟子。一塵庵主是雍正至乾隆年間的僧人，晚年隱居在湖南衡山，傳授弟子張五（綽號「攤手五」）。張五是粵劇界的武生（打武生），而「攤手五」是詠春拳第二代祖師的綽號。所謂「攤手」，就是詠春拳招式中的「耕攔攤膀」中的攤。張五後來又傳授弟子黃華寶、梁二娣、大花面錦、黎福孫等。據考在清朝道光年間，「攤手五」已在廣州粵劇紅船中擔任武生教頭，後被粵劇界祭奉為打武生的祖師爺。

　　同治年間，黃華寶、梁二娣在佛山大基尾授徒傳藝，收了當時在佛山開藥店的梁贊為徒。梁贊先由黃華寶教，後轉由梁二娣續教。其中原因據傳有兩種：其一是由於粵劇後來被朝廷開禁，使黃華寶離開了佛山重返梨園；其二是因為黃華寶參加了抗清，受朝廷懷疑而被追緝，被迫遠走他鄉。

　　梁贊祖籍是鶴山古勞鎮，與黃華寶是同鄉，故此能得黃、梁二位師傅拳術和器械之真傳。後來梁贊以武藝精湛而揚名於佛山一帶。據傳當時上門要求切磋者多被他所敗，故享有「佛山贊先生」的美稱。

　　梁贊當時在佛山萬元里（今筷子路）開設仁生堂中藥

店懸壺濟世。他白天行醫給百姓治病，晚間在店內授拳傳藝給梁壁（梁贊之子）、大徒弟李華（綽號「木人華」）、陳華順（綽號「找錢華」）、盧貴（綽號「豬肉貴」）、大山樹（俠名）以及湖北人梁奇（綽號「流氓奇」）。

大山樹和梁奇屬失傳人物，而梁贊大師之名所以能夠傳到今天，是因為他把詠春拳中的「四平大馬」改為「二字鉗陽馬」，馬步改為鶴步。這樣一來，加快了進退的節奏，使詠春拳在練習和搏擊中享有「拳打臥牛之地」的美稱。他還把詠春門固本培元的氣功「腎氣歸元功」定為基本功，把少林拳中的跌打列為詠春拳入門的必修課，創出秘傳點穴、解穴法和「詠春先師秘傳血道訣」傳授本門的高足。由於當時詠春拳的收徒十分嚴格，所以能真正學到這門功夫的弟子並不多。

傳說福建的南少林寺和廣東的南雄等地也流傳過詠春拳，不過已失真傳。後經過梁贊師傅的努力，詠春拳在佛山一帶又得以發展，所以在武林中有佛山詠春之稱。

關於詠春拳的源流還有另一種傳說，這可要從我國南方福建省泉州莆田縣九連山的少林寺說起。這座少林寺建於明代，它是我國河南省登封縣嵩山少林寺下的十餘個書院（寺）之一，因寺中的僧人武功了得，故享有南少林之稱。

福建少林寺在清代被朝廷官兵放火燒毀，其後朝廷一方面派陳文耀追捕蔡德宗、一塵庵主等僧人，一方面又緝拿原在寺中習武的俗家弟子，以除後患。因此，凡寺中的俗家弟子都各散東西，隱姓埋名，以逃避官府的緝拿。其

中弟子嚴四為逃避官府的追緝而輾轉逃亡，最後在福建連城縣郊落腳，開設了一間豆腐店作掩護。

嚴四共育有三女，其中長、次二女早夭，只有三女詠春與父親相依為命。嚴詠春自幼隨父習武，生性聰慧，練就了一身好本領。後來五枚大師路經時巧遇嚴四，並到嚴四家中敘舊。五枚大師見詠春機靈可愛，便收她為徒，教授她少林武功。數月之後，詠春武功突飛猛進。

有一天，詠春在山上見一蛇一鶴相互搏擊，蛇鶴各施身形，攻擊不休。她便停下靜觀雙方戰術，並默記心中。搏擊終以蛇敗鶴勝而結束。詠春歸家後將所見蛇鶴搏擊的身形和戰術變化加以鑽研和練習，取長補短，融會於自己所學的武技之中，這正是外師造化，中得心緣。

後來她又吸收了福建永春縣方姑娘白鶴拳派中的「龜背鶴身」（即「含胸拔背」），墜肘鶴拳中「以閃為進」的三角步，南少林拳中的「斂臂高樁」、「小四平馬」等身形、手法和步法，再結合蛇鶴相搏時善於纏繞和吞吐的特點，從而創出了以手腕快速變換動作為主的「寸勁」以及依靠上肢動作為主的新型拳術，並以自己的名字稱為「詠春拳」。

詠春拳的身法、手法和步法，十分適合女子的生理特點。詠春結合蛇鶴相搏時善於纏繞、吞吐、撥、挑、閃的特點，以手腕、肘、肩部快速靈活變換的動作為基礎，並以「二字鉗陽馬」步為進退，上肢動作為主要手法，採用中線（子午線）的攻擊，制定出一套嚴密保護上身及連削帶打的拳術攻防打法；對於跳躍、騰挪的身法、步法和腿法均摒除或少用。

她還總結了「來留去送」的以靜制動，柔化剛發，甩手直衝，上失下取，下來上攻，剛柔併用，「四兩撥千斤」等的搏擊理論。在實戰中這種拳術不是以力取勝，而是以巧取勝。根據長橋能運氣、短橋能自保的原理，詠春拳以短橋窄馬、擅發寸勁為主要特點，以拳、橋、膀、腕、指、掌為手法和身法；以搭、截、沉、標、吞、切、黏、摸、熨、蕩、偷、漏和「二字鉗陽馬」的身形步法為標誌。從發展及流傳來看，這套詠春拳與我們現在學的詠春拳大同小異。

　　簡而言之，我們把彭南師傅所傳的詠春拳整理成書出版，主要是希望詠春拳的愛好者及海內外同門對本門的源流有一個大概的瞭解。因為歷史悠久，加上沒有完整的文字記載，存疑的地方頗多。

　　基於民間的流傳和野史，或一知半解者的訛傳和謬傳，這樣長此下去，會使拳術失傳或誤傳，因此，希望武術界同門和武林朋友不斷研究和發掘，加以整理，使詠春拳這一少林內家拳種能在祖國武術的寶庫中得以發揚光大。

詠春門前輩

梁　贊

　　被佛山武林中人尊稱為「佛山贊先生」的梁贊（1826-1901）是廣東鶴山古勞鄉人，自幼隨父親在佛山居住。其父當時在筷子路開設「贊生堂」藥店，懸壺濟世。梁贊自幼喜歡武術，便師從當時在大基尾瓊花會館的黃華寶和梁二娣師傅學習詠春拳，學得小念頭、四門、尋橋、標指、伏虎拳、花拳（一、二路）、佛掌、紅殺手、鏡影拳和椿拳（即今天的木人椿法），以及詠春門的各種器械，如一字劍、雙卡刀（又名「入林刀」）、單刀（又名「出林刀」）、九環大刀、六點半棍、梅花鎖喉槍、叉和單鞭等。學成後在「贊生堂」內收徒傳藝，把詠春拳在佛山一帶發揚光大，並以精湛武藝揚名珠江三角洲。

　　當年上門切磋者都為梁贊所敗，故在武林中享有「佛山贊先生」的美稱。梁贊有得意弟子梁壁、李華、陳華順、盧貴、梁奇等。梁贊一生習武，晚年歸隱鶴山古勞鄉，並定陳華順為傳人。

陳華順

陳華順,廣東順德人,1849年生(清朝道光二十九年),1862年(同治年間)到佛山鎮的米鋪打工。拜「佛山贊先生」為師。初由「木人華」李華代教,學習詠春拳的三套拳——小念頭、尋橋與標指;後由梁贊親自教授「四門」拳(稱「四門」是因為小念頭的下半節全套稱為小練拳)。陳華順對梁贊所傳之藝苦練不輟,並經常代師出戰,故深得師寵和衣鉢真傳。由於陳華順的悟性極高,既精武藝又懂醫術,在梁贊年老時他還代師坐診,為百姓治病。

陳華順授徒除子陳汝棉外,還有雷汝濟、陳錫候、何建和、黎厚培等。1904年,年過半白的陳華順自設跌打醫館。其後再收陳孔大、何漢侶、吳小魯等為徒。年近花甲時,陳華順與吳仲素合作開缸瓦鋪,並收吳仲素為徒,在店鋪中授其武藝。之後(大概在61歲),又收葉問為徒。62歲時患高血壓,中風後回順德。弟子中最有見樹者有:陳汝棉(陳華順之子)、雷汝濟、吳仲素和葉問等,能得師傅全部真傳並被定為第六代傳人的是陳汝棉。

陳汝棉

「找錢華」陳華順的兒子,1884年出生於佛山,八歲時隨父習練「少林詠春拳」(即今天我們所練的詠春拳)。自幼的耳濡目染,加上其父嚴格要求和本人的勤學

苦練，使陳汝棉學有所成，並在當時的佛山鎮西便巷陳氏宗祠中開設醫（武）館，授徒傳藝及兼治跌打傷科。因拳法是「贊先生」的嫡派手法，故求學者眾多，除了教兒子陳家燊、陳家齊和陳家廉外，還有甘兆、招就等，在武林中有「鬼手優棉」的綽號。

陳汝棉在1932年離開佛山到廣西梧州設館，匾名為「佛鎮陳館」，授徒以貴縣人為多。由於陳汝棉的武功了得，在廣西被譽為「兩廣拳師陳汝棉」。當年陳家齋與陳家廉一直跟隨其左右。陳汝棉於1942年逝世，逝世前定陳家燊、陳家廉為第七代嫡傳傳人。

陳家燊

陳汝棉之長子，一生酷愛武術，以治療跌打損傷為生，所學的詠春拳是陳汝棉嫡傳。一生研究少林詠春（即今天我們所述的詠春拳），擅長詠春一字劍、六點半棍中之十三掄以及雙刀拆棍。

陳家廉

陳汝棉之幼子，是少林詠春嫡傳第七代傳人之一，擅長大展手、雙飛蝴蝶掌、陰陽連環鎖子手（鎖子腳）及嫡傳掌門手法「閉穴收花大法」，更專傳統跌打傷科與中醫內科。

黃仁智

生於廣東肇慶西江畔（1926），年幼因家貧到順德打工謀生，以一位普通武術愛好者的身份拜陳家廉、陳家燊為師。在黃仁智拜師的年代（新中國成立初期），學武的人已不多。其師曾說：「你願學就學吧！本領就像一件破舊的棉衣，有總比無好。」就這樣，黃仁智拜師學成後便回鄉隱居，直到筆者造訪求教，方知他傳奇經歷。

黃仁智壯年在順德時，曾以武技服眾人，有「返生武松」（粵語，即再生的意思）的稱號。他善使內簾穿心掌及五雷拳（即五枚之意），善使三佛化三星、三星化連環扣打的詠春高深手法，更善使詠春六點半棍之半點——「美人撐舟」之法，善打花拳（一、二路），是詠春拳第八代傳人之一。

詠春拳基礎

一、詠春拳的特點

1. 身腰馬法

橋、腰、馬——要求含胸拔背，歸中留位，沉肘肩，開膝，沉腰，提肛，鉗陽。橋腰馬，上中下三者相隨，以意導氣，意到氣到，以氣催力，腰橋馬齊發；手眼相隨，心到身到，身到步到，步到拳到，拳到念到；不動則已（如拳訣曰：靜如山嶽，守如處子，動如猛虎，快如旋風），一動則不可收拾。

以上是詠春拳內家功的主要特點。

2. 中線沖拳

中線原理（中線即子午線）是詠春拳攻防的核心。出手占胸位垂直線，要求習者一定要守住這個核心，使對手的攻防動作只能置於外圍（拳訣曰：裏簾必爭）。

李小龍獨創的截拳道常用的前直拳，即詠春拳中的日字拳。例如，用直線攻擊自己鼻前目標時（鼻子為身體中線），出拳並非由肩而發，而是三停應手地由身體中線沖

出，出拳前手腕向內微轉，並在衝擊瞬間向內轉正，以增加出拳的勁力。我們看得出，李小龍在詠春拳的學習上已經達到了很高深的境界。

3. 耕攔攤膀

手部的運動要求上不過眼，下不過襠，左右不過肩，使得出手快，收手更快，起到變化莫測的搏擊攻防作用。同時，出手時以手的肘部為中軸，手臂可以做任何角度的轉動，以產生無窮的威力。

肘部要與身體保持一個拳頭的距離（即肘向內留中），這樣做的目的是增大肘的底勁，增強貼身的攻擊力。

4. 黏摸蕩捋

這是詠春拳獨有的利用手部「聽」勁的特點。「明動靜，知歸去；知有無，知進退」，就是一種對手和臂部皮膚感覺和心理的訓練，由訓練以達到能「聽」出對手發出的勁。

因為黏摸蕩捋在黏手中並不是一種搏擊法，而是一種培養手臂靈敏感覺及均衡方向感的方法。練熟此法，不但可以洞察和「聽」出對方的意向和動機，更重要的是由黏摸蕩捋的橋手來培養力度，不斷增強力度的感覺（因為黏手時的力可由感覺和肌膚「滲透」到心裏和大腦，大腦馬上可對手部發出指令），「聽」出對手的每一個僵硬之處，並可利用不同的手法去對付對手。

詠春拳特有的手法之一，就是把對手黏住，然後再去

進攻。黏手的技術建立在「耕攔攤膀」上，由「耕攔攤膀」的橋手，可以培養手臂肌膚的靈敏感覺，可發揮黏住對手手腳的作用，因此，黏手可以說是一種高深的搏擊技法。

5. 推託拉按

是以橋手為基礎的手部感覺，「聽」出對方僵硬之處，或託或按來拿失對手（使對手失去平衡）。要求習者含胸挺腹，氣沉丹田，平足開膝，穩如泰山，下盤穩固，出腳時要快捷、穩健；推託時要準，不畏逼勢；拉按要快，便可以盡得其中之妙。

6. 纏撞掛漏

在拿失對手重心的基礎上（用擒拿手法使對手失去平衡），纏住對手，不准其有回勢，再用肘撞擊對手。或聲東擊西，或指上打下，真正做到和對手手黏手，使其無法走。

7. 連削帶打

外家拳法常用的是擋格之法，出拳的招式多數是當對方拳打或腳踢來時，以一手格擋，用另一手擊敵。從速度上說，一格一擋，或從腰際出手發拳必須在攻擊以前，擋格與出擊通常不能一手同時使用。而詠春拳則不同，當對方拳打或腳踢而被詠春拳的「八法」黏住時（耕攔攤膀，黏摸蕩捋），已經處在被我削其攻擊的一手中。

在拳法上任何一種先擋後打的技擊法，不管速度多

快，總比不上連削帶打的速度。詠春拳之法則是遇虛無人入之仙境，加以簡單、驚人的速度，一攻即破，這是詠春拳的威力和奧秘所在。

8. 短橋寸手

根據非長橋不能達氣、對搏非短橋不能自顧（長橋能運氣，短橋能自保）的原理，歸中手，發寸勁，也是本拳特點之一。

詠春拳擅發寸勁，即可在短短的距離內，手不貼腰身也能發出很大的勁力將對手擊倒。詠春拳以短橋為主，一經交手，只要黏住對手，運用耕、攔、攤、膀手這幾種招式，以變化無窮的手法，能在近距離連綿不斷地發勁，迅雷不及掩耳地攻擊，是近身實戰搏擊中的殺手鐧。

9. 腳腿踢法

寸、拐、撩、殺、踩──是詠春拳的腳法，有人稱「無影腳」或「鬼腳」，這是武林界給詠春拳腳法的綽號。外家拳法通常在起腳時，都先要把身體傾斜，把重心移到另一隻腳上，以保持身體平衡才能發勁起腳。但是在實戰對陣中，當身體傾斜時，必定會被對方發現而及時防範。所以，這種踢法是一種有形腳。

詠春拳在起腳時身體不但不會傾斜，相反還向前傾，因此對手很難察覺出。習詠春拳者從不會輕易起腳，而是當機立斷，在黏住對手後，配合手法迅速踢出，不出則已，一出必中（極易傷人），可以說是每踢必中。

10. 鉗陽馬法

這是一種兩腳一字站的窄馬，是只輕留移位的步法。該步法源於少林拳的護襠馬，由於站樁時氣沉丹田，提肛挺腹，開膝沉腰收臀，站立穩固，無馬步虛浮之弊。

另外，詠春拳自始至終強調練習黏手，特別是不斷地練習小念頭。因為人體分為三陽、三陰六個部位，這六個部位緊鉗，會使馬步更加牢固，如同落地生根。

二、學習詠春拳的基本要求

1. 培養尊師重教的優良傳統及武德，樹立正確的學習目的

學習武術之前，筆者首先提請廣大的武術愛好者及廣大的青少年朋友注意，習武一定要注重武德的培養。縱觀武術大師及武林前輩，他們除了刻苦練習武功以外，都非常注重武德的培養。若行為不端，心懷歹念之人，不可能得到武術的真傳。

從前的習武人，特別講究的是忠心報國、尊師重道、仗義疏財、江湖義氣、鋤強扶弱等道德觀，而我們新時代的武術愛好者們，就更應該重武德及忠、孝、仁、義。

以往的師傅都把肘法放在最後才選徒而教，其原因，一是保守；二是因為肘法非常厲害，恐教了無武德之徒，日後在社會上為非作歹，既危害社會，又影響了師傅的名譽，所以，代代師傅們都本著「寧可失傳，不可妄傳」的

想法，把肘、掌、指法在傳授中留下來，到最後只傳授給他們認為合格的弟子。所以說，習武者，要想學到真功夫，就要注重武德的培養。

2. 站好養生椿、搏擊椿等各種椿功

詠春拳的養生椿及搏擊椿的練習，歷代先師都很少介紹。詠春拳有著獨特的養生與搏擊功法訓練——站椿。它要求初學者內外兼修。如養生椿有強身健體作用，而搏擊椿的特點是不做意守不導引，由站椿使其體內氣機自然產生，柔中悟剛，變化無窮，內藏殺機。

如習者學成後，雙手或身體在接觸對方的瞬間便能自然產生極大的爆發力和穿透力。但這不容易掌握。前人說：「只可意會，不可言傳」，故在此節中暫不作介紹，只說說意象。

練拳不但練習肢體動作，更要明白動作招式的意義和目的，須靈活運用，做到形神兼備，形隨意到。換句話來說，即要有表像意識，要多練加想像，即多悟。

詠春拳中所講的「念」，就是多提示自己集中精神練。比如每次開始練拳的時候要有想像，如「頂天立地」，即把自己想像成頭頂著天，腳踩著地，與天同高，無所畏懼，戰無不勝……又如，在練習沖拳的時候，除正確掌握動作要領外，更要充分運用想像力去想自己打出的力量很大，能打到很遠很遠。要把意識表像活動貫穿於整個詠春拳的訓練全過程。

三、學習詠春拳的基本程式

詠春拳的學習程式分為七個階段：

1. 學習詠春氣功（腎氣歸元功），練寸勁，扯日字拳，單黏手。

腎氣歸元功：即把體內功能調到最佳狀態，增強內力和排打功能、抗打功能。該法主要是由氣功訓練去打通任督二脈，運氣到掌指，為下步習「鐵沙手」打下一個良好的基礎。以往此功只是面授，沒有文字表達。因練不好容易出偏差，產生各種不適，故不作書面介紹。初學者如無名師指點，千萬別練此功。

2. 練習雙人壓腰，練連環三捶、偏身拳、圈手、內外搭手、內外耕手。

3. 練習雙人推手（練橋、腰、馬）、初級黏手。由推手練習理解手法、腳法、步法、身法、顧法、克法、截法和追法。

4. 學習三套基本拳法——小念頭、尋橋和標指。特別是在學習小念頭時要掌握正確的肘部位置、中線防禦要領和簡而精的攻防動作。

5. 練習黏手。要先練知覺，後練打手。由黏手，理解八法（耕攔攤膀，黏摸蕩捋）、肘法以及中線出擊，加深對「明動靜，知歸去，知有無，知進退」的理解。

6. 學習三套拳的各式散打和綜合套路，即木人樁法，進一步鞏固八法。

7. 練習器械——八斬刀（又名雙飛蝴蝶刀）、六點半

棍、七尺二的單頭棍。

拳法中的小念頭為初級套路；尋橋是中級套路；標指為高級套路；木人樁為臨戰狀態的練習，實戰的套路有十合。這裏需要強調的是，初、中、高三套拳術和木人樁有許多重複的招式。

如小念頭在詠春拳的初級階段時稱「小練頭」，到高級階段時稱「小念頭」。小練頭與小念頭套路、招式、動作要求基本一樣，但含義、目的和力度則完全不同，一個是練勁，一個是練意。如果說小練頭是詠春拳的基本功，而小念頭則是修煉陰柔，由運氣與用意，達到深藏不露最高境界的練習。

初學詠春拳者應嚴格依照拳譜的招式循序漸進地學習。在練習小練頭的過程中，任何貪快和冒進的做法都是不可取的。一定要以一絲不苟的態度，朝夕苦練，直到純熟，方可逐漸加入意念，配合呼吸。當做到內提氣，外隨意，走意不走神，才可以進入學習尋橋、標指及木人樁等套路和散打、黏手等階段。

練習小念頭時，動作應以緩慢為主。運氣貴在緩，送去必用呼，接來必用吸，練到能運用身體和意念去控制出手力量和瞬間一擊的爆發力。只有經由長期不懈的苦練，才能使內功達到精深的境界，正如拳訣說：「日日呼吸歸丹田，功純日久妙自得。」

小念頭的另一含義就是學習以意念為基本功的各種招式，並融會尋橋、標指和木人樁的套路來進行反擊，用「四兩撥千斤」去化解對方的攻擊，運用連削帶打的方法去取勝。

實戰時情況瞬息萬變，雙方勢無定式。練習小念頭可以保持冷靜的頭腦，臨敵時從容鎮定，出手時敏捷陰柔，發力於無聲無備之中，以柔勁和抖力去取勝。

詠春拳馬步有「二字鉗陽馬」和「雙弓鉗陽馬」兩種。詠春拳馬步的稱法也有誤傳，正確的稱法應是鉗陽而不是「鉗羊」（據說海外一些門派所傳是騎在羊背上）。

鉗陽馬的開步各家也大同小異，按照宗師梁贊所嫡傳的正確方法應是雙腿直立，雙足與肩同寬，以腳拇趾為軸心，兩腳跟向左右旋轉，形成「八」字形。接著以腳尖向左右旋出成反「八」字形，再以腳尖為軸心，腳跟左右外旋半步成「11」字形，然後開雙膝微彎，提肛收臀，股骨內收，沉腰含胸，意守丹田，即稱為「二字鉗陽馬」。

學習詠春拳之前，首先練習的是拍腳鉗陽馬、二字鉗陽馬和雙人壓腰。由以上兩種馬步的推拉練習，從中體會出推力、拉力、借力的技術要領並能達到靈活運用。

同時練習腰、馬、橋等身法，做到起橫落順，掌握好重心，不失平衡。手臂屈而不曲，直而不直，滾出滾入運用自如。步要進低退高，輕靈穩固；抬腿踢腳，輕如驚鴻，重如泰山。如此，可為日後的對練雙黏手打下一個扎實的基礎。

扯拳和單黏手，是學習詠春拳首先要體會的手部感覺訓練。它們包括：扯拳、側身拳、長橋發勁、手腕纏勁。

其次是推手，推手是雙黏手的基礎。由二人的扯拉，初步掌握進馬、退馬的步法和手法中的來留去送，在不斷的用力中體會怎樣用巧勁。由黏手練習更進一步理解手法中的「曲手留中」和「耕攔攤膀，黏摸蕩抧」，以便日後

圖 4-1

圖 4-2

進入更高深的「明動靜，知歸去，知有無，知進退」雙人黏手學習階段。

由雙人黏手練習，掌握起落、進退、反側、收縱之法及手腳兼顧、上失下救、左閃右擊等。由你攻我守的訓練，能正確地掌握盤手、脫手、甩手等動作要領和技術。雙人黏手的高級階段如拳訣說：「行拳以身主，身法原無定，無定內有定，貴之在自用，起落與進退，反側和收縱，重心要掌握，奇正得相生，千變與萬化，難合身之形，身心能合一，方顯身之能。」詠春拳練習中的單黏手動作（圖4-1），雙黏手動作（圖4-2）。

甩手練習是從初級訓練轉入高級訓練的練習（散打及自由搏擊的訓練）。而小念頭及標指和以後的學習，則是詠春拳攻守對練的練習。

四、詠春拳的基本
手型及用法

詠春拳的手型基本上有三種：一拳，二掌，三鉤頂手。這三種手型以拳，尤其是掌的使用最為普遍。

1. 拳

四指併攏彎曲，指尖緊貼著掌心，拇指屈壓貼附於食指和中指第二關節骨的平面上，這個握拳形態通稱為方拳，可打出各類拳，如：平拳、日字拳等。

（1）直沖拳

直沖拳主要運用內旋及肘底勁，直力向前衝撞，打向正前子午線上，可化下面十三式中的偏身拳——獨龍拳等（圖4-3）。

（2）仰抽拳

仰抽拳即用外攤著的前臂壓對方臂面，由方拳向上仰上沖，擊打敵人胸部或臉部三角區（圖4-4）。

圖 4-3

圖 4-4

（3）劈掛拳

這個拳的形態與仰抽拳差不多，所不同的是仰抽拳用抽力抽擊，而劈掛拳則是運用從上向下反臂運動的勁力，帶動小臂打向敵人膀骨、鎖骨及臉部三角區等部位（圖4-5）。

圖 4-5

2. 掌

掌的形態是四指伸直併攏，拇指彎曲貼於食指下，即緊貼在掌的內緣。詠春拳的掌法變化多樣，名稱也不一樣，現簡單介紹如下。

圖 4-6

（1）直　掌

出掌時，四指朝天，掌心向前，臂前擊一直線。該掌可直擊，也可摑擊。直掌的運用：直掌平用、直掌仰用、直掌斜用，等等。直掌可化按掌、伏掌，如十三式

中的「白鶴尋湖」，就是以平掌變化壓對手的臂面。小念頭中常出現該掌，而標指也是運用該掌的指尖插擊敵人（圖4-6）。

直掌斜角是於傾斜角45°左右發出的掌，主要打擊對方面頰等部位（圖4-7）。

圖 4-7

（2）托　掌

這是直掌仰用的掌法，通稱也叫仰掌，用勁於掌心與掌跟。用途是以掌托擊對方來手的臂肘，和托擊對方下顎等部位（圖4-8）。

圖 4-8

（3）豎　掌

豎掌又名正面掌、側面掌、豎刀手。用法有二：一是用掌心拍打對方進攻之手；二是用掌的外緣劈擊對方（圖4-9）。

圖 4-9

圖4-10

圖4-11

圖4-12

（4）橫　掌

又名陽刀手。發掌時掌心向前，主要用小拇指外側向對方推擊（圖4-10）。

（5）側　掌

側掌又名陰刀掌。出掌時掌心向下，主要用小拇指外側削擊對方（圖4-11）。

（6）立　掌

通稱推掌或立推掌，分正面、側面，是正面的掌式。勁力發於掌根，用掌正面向前向上推擊（圖4-12）。

（7）倒　掌

倒掌是指尖向下，跟立掌指尖向上成相反方向。倒掌也分陽倒和陰倒兩種：陽倒掌掌根用勁向對方推撞，陰倒掌用勁像十三散式中的「樸翼」。這類掌法都是用來撩扣和壓封對方來手的（圖4-13）。

圖4-13

3. 鉤頂手

鉤頂手的形態是：拇指與食指相對合攏，其餘三指也與食指相併攏，成型時像一個鶴嘴，因而又被稱作「鶴嘴手」。

鉤頂手的運用基本為前掛和鉤拉。不論是直鉤頂或橫鉤頂，都是用手背和指尖猛力向對方頂撞。無論前推或鉤拉，特別是鉤扣著對方臂面的時候，都要注意歸肘這個關鍵性的應用（圖4-14、圖4-15）。

圖4-14

圖4-15

五、十三個基本散式

1. 步　型

二字形開膝圓襠窄馬，也叫二樹鉗陽馬、二字鉗陽馬，總稱為鉗陽馬。它步型靈活，可占側門踏步取位。

另外，是由外擺式的圈腳移步，因其弧圈線的走位呈各形狀，也有稱三角步馬。弓步馬時叫虛步鉗陽馬，也叫偏身馬。

詠春拳進退步法用腳外側著地，使馬勢實力沉穩，進退圈擺移動自然。

2. 三星拳

三星拳實際是直沖拳，因為它有左右左三下的串合連發，故也稱三星拳。

它出擊呈直線行。如左手長橋沖拳，直線打向前及中線，以肘底勁並肘緊靠左肋前行來增強胳膊出擊的力量；也就是當左拳仰拳於將台開始發擊前行時，前臂就開始內旋，邊下壓沖出邊握拳，拳的前鋒沖至約距目標一寸時，拳頭剛好握到最堅實的狀態。

3. 偏身拳

偏身拳包括了直沖拳長手、中手和短手。偏身拳是利用轉馬側身的架勢發長手拳。其不單出手長，而且轉馬側身移位，起到了閃側、避讓的作用；同時，側身向對方，

目標變小，受擊面變窄，又有長手直沖拳在中軸線擊打作掩護，使對方難以施展招式。

4. 獨龍拳

獨龍拳包括了長、中、短直沖拳。獨龍拳中夾有馬步沖拳，是一個長手直沖拳的變化運用。不論前虛步或馬步，都可運用以長制短的架勢去迎擊。

5. 內撩與外撩

這個散式，原名叫內簾外簾防守。這兩式都是左手對左手，右手對右手；或左手對右手，右手對左手，從對方來手的臂內、外側進行攔截。

內撩——運用圈掌，從對方的內臂從上往下地倒掌撩起對方來手，當我方前手在上、對方來手在下時，可採取前虛步迫側門。注意，要與步法協調運用來封壓對手。

外撩——與內撩相反使用。

6. 內搭與外搭

內、外搭手是詠春拳攻守轉換手法之一，也是以橫破直的手法。特點是從外到內、從上而下伏壓抓打，主封對方來勢，使對手有力使不出而陷於被動挨打的困境。

由於詠春拳內外搭發力省力，習者容易掌握，故成為詠春拳四兩撥千斤、以弱制強的特點之一。

7. 攔　打

左攔右打，右攔左打，兩手齊用，封打並全，可有效

消解來勢兇猛且高斜角度的攻擊。如從橫邊而來的蓋拳、鉤拳之類。

運用攔打手法時須注意後封手要和前打手一齊送前推進，以便縮短後封手攻擊距離；而前打手掛拳也隨時準備改側掌，以便連消帶打地對付對方另手的上下來勢。

8. 膀　手

膀手出手是由下往上防提，運用扭臂及旋轉勁迎擊對方來手。其成型之勢是肩、膊、肘彎曲，大臂與小臂約為45°角；腕關節處向外彎，腕掌關節處也約45°角，如鉤鐮手。

9. 攤　手

是把日字拳變掌，用肘底勁向前推出，掌心向上，指尖向前，肘尖與心口留中。

10. 雙飛掌

雙掌向前同一直線推出，雙掌心向前，左指尖向上，右指尖向下。

11. 破排掌

雙掌同一直線向前推出，雙掌心向前，左右指尖同時向右，叫右破排掌；左右指尖同時向左，叫左破排掌。

12. 穿心掌

一正掌向前打出，指尖向上、掌心向前叫穿心掌。雙

飛掌、破排掌、穿心掌三掌統稱三品掌。

13. 白鶴尋湖

尋湖手是從內搭手演變過來的，是以一個轉角扣馬，卡入對方前腳或後腳跟；接著扣馬改成前弓步，配合雙推掌前推。

該散式一般是針對對方低馬步加直沖拳一招的。

詠春拳的
基本功法

在學習詠春拳套路之前，首先的學習基本功法。俗話說：「未學打拳，先學開馬。」開馬為入門基礎之基礎。

一、馬步訓練

1. 開馬訓練

（1）拍腳鉗陽馬

兩腳併攏立正而站，腳掌全部著地，雙腳掌外側緊鉗於地面。雙膝向左右微開，提肛收臀，環跳凹陷，沉腰，全身正直，放鬆，心無雜念（圖5-1）。

圖 5-1

圖 5-2

圖 5-3

圖 5-4

（2）開鉗陽馬

雙腳跟略離地，從後向左右移開成「八」字，雙腳跟著地後站穩，雙腳尖向左右移開，成反「八」字形；然後雙腳跟又向左右移半步成「11」字形，雙腳前掌外側緊鉗地面為二步半鉗陽馬，再開膝、沉腰，臀部緊收，沉肩，會陰上提（提肛），氣沉丹田，上身挺立（圖5-2）。注意，不要後仰或折腹。

（3）垂肩攤掌

以肩、肘、腕促勁，雙臂轉動往外攤，成半陰陽仰掌，拇指緊扣（圖5-3）。

（4）將台仰掌

用肩、肘、腕行肘底勁，上提雙掌於雙腋下，掌心朝前，指尖朝下，雙肘後鉗（圖5-4）。

（5）中宮插掌

以肘底促勁，將雙掌朝中線（子午）身前下插，左掌上、右掌下，雙臂交叉成十字手（圖5-5）。

圖5-5

（6）扣手掛拳

雙手化掌為拳，以雙肩、肘促勁內扣，沉肘，雙拳向前掛出，雙肘與雙肋相距一拳位（圖5-6）。

圖5-6

（7）將台仰拳

用肘底勁將拳收回於雙腋下，兩肘略沉向後鉗（圖5-7）。

圖5-7

圖 5-8

圖 5-9

圖 5-10

（8）開鉗陰馬（師姑馬）

① 拍腳鉗陽馬（圖5-8）。

② 開鉗陰馬

雙腳跟略離地，先從後向左右開一步成「八」字，雙腳尖再向左右開成反「八」字；然後雙腳跟再向左右開半步呈「11」字形，最後為二步半，再開膝沉腰，臀部收緊，沉肩，會陰上提，氣沉丹田，上身挺立（圖 5-9、圖 5-10）。注意，不宜後仰或折腹。

2.圈馬訓練

在拍腳鉗陽馬的基礎上，腳在地上自內至外畫圈叫外圈馬，從外向內畫圈叫內圈馬。常練圈馬能使馬步靈活，為練習盤法打下良好的基礎。

（1）圈　馬
拍腳鉗陽馬（圖5－11）。

圖 5－11

圖 5－12

圖 5－13

（2）圈左開馬
先以左腳逆時針向前外畫圈半步，然後右腳順時針斜向前外畫半圈半步，成鉗陽馬（圖5－12）。反覆練習，為將來追馬、迫馬、吃馬打下一個良好的基礎。

（3）圈馬的應用
①甲乙雙方各站好，準備格鬥（圖5－13）。

圖 5-14

圖 5-15

圖 5-16

② 甲方上右腳，以右直拳打擊乙方。乙方即以右攤手攤住甲方的右沖拳（圖5-14）。

③ 當乙方右手攤住甲方打來的右沖拳後，即以左手去拍甲方右沖拳關節位；同時，以右腳圈馬上步，吃住甲方右腳跟部位（圖5-15）。

④ 同時，乙方右手向前擊打甲方胸部，而腳向後發力察步，把甲方摔倒在地上（圖5-16）。

以上是學習詠春拳入門不可缺少的馬步，要求反覆練習。該開馬為詠春拳鉗陽（陰）正身馬步，開馬後全身定要保持正直輕鬆，呼吸均細、長、慢，兩膝向外逼成圓襠，上身正直，頭上頂，雙拳抽上於腋下。圈馬訓練靈活後可進入轉馬練習。

3. 轉馬訓練

詠春拳的特點是避實就虛，借力打力，走馬卸力等，不能從一面去死拼硬打。如在實戰中遇到比自己強大、力猛的對手，我們就要借力與卸力，即詠春拳中的閃側及轉卸——轉馬。

轉馬是身腰馬巧妙的閃讓，主要目的是卸掉對方正面的強大攻勢。所謂「車腰轉馬」，是從正身馬轉為側身馬，由對方正面轉向它的側面；也即遇實則卸，見虛則進。所以，習者從一開始入門就要學好、練好「車腰轉馬」。

只有掌握了從正身馬轉移重心到側身馬的技術，才能為進入實戰打下堅實的基礎。

（1）大鉗陽馬勢面朝正南方而立（圖5–17）。

圖5–17

圖 5-18

圖 5-19

（2）身腰馬向左轉，身體全面轉向左方，左前腳站四，後右腳站六（圖5-18）。

（3）雙腳尖同時向右方轉，身腰馬轉向右方，身體坐馬在左，左後腳占力六成，右前腳占力四成（圖5-19）。同時可練偏身拳。

如想詳細瞭解詠春拳的開馬和轉馬訓練，可參見詠春拳系列《尋橋、標指》一書。

二、擺樁訓練

當詠春拳法的開馬及轉馬練熟後，便可進入進退馬訓練；同時，把馬姿和擺樁連在一起練習。詠春拳也和其他拳種一樣，重視下盤及搏擊散打中的擺位。擺樁即擺出準備格鬥的架勢。詠春拳的擺姿，下盤明顯不同，它是在「二樹鉗陽馬」的基礎上，雙手做一前一後、一

上一下或一陰一陽的手勢，以保護自己的中線及上下左右、進馬、退馬等。

這裏簡單介紹幾個樁姿，是入門前必須練習的基礎課程。將來練熟後，也可舉一反三地站更適合自己的姿勢。

1. 正面右側身站樁法

（1）站大鉗陽馬。

（2）坐馬沉腰，全身重量平均地分配在雙腳上，雙膝微開，上身保持正直。雙手護守在子午線上，右手長橋豎掌在前，左手短橋用拜佛掌豎於左胸前（圖5-20）。

2. 正面左側身擺樁法

（1）站大鉗陽馬。

（2）雙手護在中線，左手長橋前豎掌，右手短橋拜掌於胸前（圖5-21）。

實戰中要求我們一擺樁就得擺一個適應自己的樁

圖 5-20

圖 5-21

圖 5-22

圖 5-23

圖 5-24

姿,所以說,習者應該在平時訓練中多去練習站樁及轉馬,並將各樁姿練熟,形成習慣,因為只有習慣了才能成自然。審勢對名師拳家來講是很重要的。審勢就是對對方位置、站法的設想,加以速進、打進、走避、閃讓,使自己形成一個攻防整體,並採取中線進攻,以上失下取、下來上攻、剛柔併用等特點,審勢住對方。如對方力弱,我可硬打硬拼,腳踩洪門搶中;如對方力大,就要化剛為柔,即腳閃踏前,走偏門進退閃擺。只有這樣,才能做到知彼知己,百戰百勝。

三、移馬訓練

1.進步馬法

(1)以大鉗陽馬或側身鉗陽馬勢站立(圖5-22)。

(2)右腳向前上一

步，左腳跟進上半步，保持側身大鉗陽馬右站樁勢，右腳在前，左腳在後；右手為先鋒手，左手為後護手。也可以做進馬沖拳訓練，即上步不斷地向右、左三沖拳（圖5-23）。

（3）右腳向前上一步成鉗陽馬勢（圖5-24）。

2.退步馬法

（1）右站樁勢，右腳在前，左腳在後；右手為前鋒手，左手護掌在胸前（圖5-25）。

（2）前右腳向後退，左腳也向後退一步（圖5-26）。

（3）前右腳向後退一步，身體重心坐左後腳上。雖說分先後退馬，但幾乎是同時進行。也可同練退步沖拳（圖5-27）。

圖 5-25

圖 5-26

圖 5-27

圖 5-28

圖 5-29

圖 5-30

3.移左步法

（1）站右樁勢，右腳向前，右前鋒手豎掌在前，左手成護手在後（圖5-28）。

（2）右腳向左方移一步（圖5-29）。

（3）左腳再迅速向左側方移一步，仍保持右站樁姿勢（圖5-30）。

4.移右步法

（1）站右樁勢，右腳在前，右前鋒手豎掌在前，左手成護手在後（圖5-31）。

（2）右腳向右方移一步（圖5-32）。

（3）左腳迅速向右移半步，仍保持右站樁勢，雙手可左右搶回做先鋒手（圖5-33）。

四、功力訓練

1. 打井水練掌力

據詠春拳前輩所述,南方人在紅船上練拳,由於沒有器械和練功環境,先輩們便在船上站鉗陽(陰)馬步,在船邊邊緣練掌打水,主要練掌中氣,用氣功擊掌於船下水中,以水起波紋或水花為準。

傳到梁贊先師後,他便把這種練掌方法帶上了岸,練習打井水,傳說打到熟練時,水井裏可起層層浪花。這只是傳說。現在水井少了,也無人用此方法練習。

2. 打蠟燈練掌力

打蠟燈也叫打蠟燭。距自己一公尺處放一張桌子,上擺一支已燃的蠟燭。開鉗陽馬而站,先以左掌前擊,直至打熄該蠟燭為止。再後退半步,繼續打蠟燭至熄滅。練完左手再換右手,如

圖 5-31

圖 5-32

圖 5-33

圖5-34

此堅持下去，可收到很好的效果。

當掌打蠟燭完成後，按此方法再練沖拳打蠟燭；當沖拳打蠟燭熟練後（可隨便以拳打熄蠟燭），再練劍指打蠟燭；劍指打蠟燭熟練後，開始練丹田運氣，把丹田之氣運至指尖，以指尖打熄蠟燭。這個訓練過程最辛苦，也叫力出三關（圖5-34）。

3. 扭筷子增強腕指之力

扭筷子是紅船先輩們流傳下來的一種簡單的練功方法。扭筷子可增長手腕、手掌、手指的扣、拿、轉、抓、爪等勁力，練的是整體六合之力，熟練後能使拳橋、腕膀、指掌及手橋肌膚感覺靈敏，增強寸勁勁力。用筷子12對，分頭、中、尾三段用繩子紮緊，即可用來練功了。

（1）子午內外旋

① 站鉗陽馬，雙手以左陽右陰的方法抓筷子於胸前，徐徐向前推出轉成左手在上、右手在下，如雙沖日字拳，雙臂伸直守在子午線上，左手握筷子向左旋腕，右手緊握筷子向右旋腕（圖5-35）。此勢為雙外旋腕。

圖 5-35

② 依上勢，雙手臂仍伸直守在子午線，左上手向右內旋腕，右下手向左內旋腕（圖5-36）。此勢為雙內旋腕。

圖 5-36

（2）子午上下旋

① 開鉗陽馬朝南而站，雙手以陽把手抓筷子在胸前，徐徐向前推出中線上，雙手如攤手狀緊抓筷子頭尾，左手拳眼朝左，右手拳眼向右；左手緊握筷子，拳心向身前內扭，右手緊握筷子，向身外旋扭（圖5-37）。

圖 5-37

② 依上勢，反過來左
手心朝身外旋腕，右手心朝
身前內旋腕（圖5-38）。要
求反覆練習。

圖5-38

（3）攤手打子午拳
① 鉗陽馬朝南而站，
雙手以陰把手抓筷子在胸前
留守中線（圖5-39）。

圖5-39

② 依上勢，當雙橋臂
向前伸直時，右手朝尾指方
內旋腕成右攤手狀，左手直
沖拳打向子午線（圖5-
40）。此勢稱右攤手子午
拳。當右勢熟練後轉過來練
左攤手右子午拳。

圖5-40

（4）膀手打子午拳

① 開鉗陽馬朝南而站，雙手以陽把手抓筷子在胸前（圖5-41）。

圖 5-41

② 依上勢，徐徐向前推出雙手；同時，左手日字沖拳，右手緊抓筷子內旋扭腕成右膀手（圖5-42）。此勢為右膀手打左子午拳。當該勢練熟後，轉過來練左膀手右子午線。

圖 5-42

（5）身後內外旋腕

① 開鉗陽馬朝南而站，手以陰把手抓筷子置於身後，轉成左手上、右手下（圖5-43）。

圖 5-43

圖 5-44

② 依上勢，雙臂伸直，左手扭腕向左（外）右手向右（內）（圖5-44）當此勢練熟後轉過來即左手扭腕向右，右手扭腕向右，反覆練習。

圖 5-45

（6）身後上下旋腕
① 鉗陽馬朝南而站，雙手以陽把手抓筷子於身後反沖（圖5-45）。

圖 5-46

② 依上勢，左手緊握筷子向身扭腕，右手向外按（圖5-46）。練熟後轉過來練左手向身外扭，右手緊握筷子向身內扭。反覆訓練。

4.藤箍圈手的練習

　　當扭筷子增強了腕指掌等勁力後，轉入藤箍圈手的訓練（即藤箍手訓練）。箍圈手是詠春拳入門必修的課程，是詠春基本功獨有的一種練聚勁的方法，主要練習埋睜（即歸肘）、沉橋、歸中守中，即守著子午線發力及耕攔、推膀的留中，守中用中及拳、橋、膀、掌、腕、指，在固定位置上訓練。

　　這種練習取材容易，取一根藤條紮成一個圓圈即可。圈的內徑為18～23公分。將雙手放在圈內練習。除訓練拳術中所要求的拳、橋、膀、腕、掌、指動作外，要去練扣、拉、鎖、搭、黏、摸、燙、蕩及耕、攔、攤、膀、推、拍、標等，其目是熟練攤手子午拳，耕、攔、攤、膀子午拳，黏、摸、蕩、捋、穿心掌等。

　　目前社會上存在一些不太全面的詠春拳，一種是只學套路不學基本功，另一種是只想用來鍛鍊一下身體和防身。

　　由於工作、學習時間忙等種種原因，有的人只學習一些基本功和幾招散式，有的人只學習一些簡單的套路，那麼這樣的人成了師傅，他所教的學生，有的人以學套路為重，不太會基本功和黏手；有的人只會基本功或打手，常以力大取勝，不會以柔制剛。

　　這是近年來學習詠春拳的一種弊端。其實，基本功和套路的學習一樣重要。

圖 5-47

圖 5-48

圖 5-49

（1）雙攤手化雙沖拳

① 習者以雙攤手套入圈內（圖5-47）。

② 依上勢，雙攤手轉化打出雙沖日字拳在正前方，雙手都守中（圖5-48、圖5-49）。

據中線原理，守歸中線，要求出手占胸位垂直線，這是詠春拳的攻防核心，應用較廣，多用於手法和椿法上，詠春拳訣說：「裏簾必爭。」即提醒人們打拳練功必須搶中守中，才能有效地保護自己。所以一開始就要求訓練攤手轉沖拳、攤手轉雙拳推掌、雙攤手轉雙標指手等，即從高橋手練習到中橋手，由中橋手練習到低橋手。

（2）雙攤手化雙推掌

① 站鉗陽馬，雙手以攤手在藤圈內歸中（圖5-50）。

圖5-50

② 依上勢，雙攤手轉雙推掌豎掌向前方沖出（圖5-51）。反覆訓練。

圖5-51

（3）雙轆手

① 站鉗陽馬，雙手以雙攤手在藤箍內（圖5-52）。

圖5-52

図 5-53

② 雙橋手做轆手，成左手上走成膀手，右手下走成攤手（圖5-53）。

③ 依上勢，雙手屈轉成右手上走成高膀手，左手下走成攤手，可連續左、右、左的反覆轉動（圖5-54）。

該勢主要練雙橋手的靈敏和雙肩的鬆緊；同時，雙手反覆轉動也是練守中及護中。

圖 5-54

（4）攤手化上下拳

① 站開鉗陽馬，雙手仍在圈中成雙攤手（圖5-55）。

圖 5-55

② 依上勢，雙手同時向身前衝，打出上下子午拳，左拳上或右拳下，右拳上或左拳下，主要練守中用中（圖5-56）。

圖 5-56

（5）雙攤手化雙標指手

① 站開鉗陽馬，雙手以攤手在藤箍圈中（圖5-57）。

圖 5-57

② 依上勢，雙手同時向身前方推出雙標指手，手的高度與雙眼齊（圖5-58）。

圖 5-58

圖 5-59

圖 5-60

圖 5-61

（6）雙攤手化按伏手

① 站鉗陽馬，雙手在藤箍內成攤手（圖5-59）。

② 依上勢，雙手同時向前方按出雙伏手，手的高度以臍下平（圖5-60）。

（7）耕攔手

① 站鉗陽馬，雙手在藤箍內成攤手（圖5-61）。

②雙橋手同時前出，左手內耕藤箍圈內右上角；右手下攔住藤圈內的右下角位，形成圈內拉力，即左手上頂，右手下按，也叫右耕攔（圖5-62）。

當練熟右耕攔手後，開始左耕攔手的訓練。要求反覆訓練。左右耕攔練熟後，再訓練左右攤膀手。

（8）攤膀手

①站鉗陽馬（圖5-63）。

②雙攤手同時轉動，左手轉上成攤手，二桐攤住藤箍圈內的左上角，右手轉成下膀手，二桐膀在藤圈骨的左下角，該勢也叫左攤右膀手（圖5-64、圖5-65）。

圖 5-62

圖 5-63

圖 5-64

圖 5-65

當左攤右膀練熟後，轉入右攤手左膀手訓練。

（9）耕手沖拳

① 站鉗陽馬（圖5-66）。

圖 5-66

② 依上勢，雙攤手出手的同時，左攤手化耕掌向右方耕出，二桐耕住藤箍圈內右上角，右攤手化日字沖拳直打壓前方，右手二桐下方壓圈內的壓中部位（圖5-67）。

圖 5-67

（10）攔手沖拳
①站鉗陽馬（圖5-68）。

圖 5-68

②雙攤手在出擊的同時，左手化下攔手二桐攔住圈內的左下角，而右手化日字沖拳打向正中，手的二桐擔圈內正中（圖5-69）。

圖 5-69

（11）攤手沖拳
①站鉗陽馬（圖5-70）。

圖 5-70

圖 5-71

②當攤手前出的同時，左攤手攤住藤圈的左上角，右手化直沖拳壓打在中線上（圖5-71）。左攤手練熟後再練右攤手。

（12）膀手沖拳
①站鉗陽馬（圖5-72）。

圖 5-72

②當雙手前擊時，左手化膀手膀在藤圈內的右上角，右掌化直沖拳打壓中前方（圖5-73）。練熟左膀手右直拳後，再練右膀手左直拳。

以上介紹的是正圈手法訓練，當練熟後即轉入正反圈手的練習。

圖 5-73

（13）圈　腕

① 站開鉗陽馬，雙手仍成攤手（圖5-74）。

② 雙手在轉動中左手轉成弓箭手在身前，力點在二桐壓中，右手內圈腕先以弓背掌管「聽」住藤圈外簾，右腕再逆時針斜圈腕扣住藤圈內簾；也就是左手前弓的同時，右手已轉成伏手，稱正反割下按藤圈內簾手（圖5-75）。

③ 依上勢，右手又順時針回下圈腕，以弓背掌管「聽」住圈外簾，沉轉成攤手入圈簾；同時，左手沉肘成攤手回原（圖5-76）。練好右邊練左邊。

圖 5-74

圖 5-75

圖 5-76

圖 5-77

圖 5-78

圖 5-79

（14）左右攤攔手

① 站鉗陽馬，雙手成正反圈手勢，取左手前弓箭勢，右手後弓箭勢（圖5-77）。

② 依上勢，左手沉肘向身體左方攤起，右手膀起，再沉指向身前右方攔出（圖5-78）。

③ 依上勢，左手內割，扣圈內起膀，沉指向身前左方攔出，右手沉肘成攤掌，向身前右方攤出（圖5-79）。反覆練習。

（15）伏按掌與子午拳

① 站鉗陽馬，雙手仍是左前右後弓箭手勢（圖5-80）。

圖 5-80

② 左手前伏下走正中成按掌，右拳直沖打向前（圖5-81）。

圖 5-81

③ 當右子午拳打出後，即轉下伏手，左按掌從體前由下轉上打出前直沖拳或左攤手（圖5-82）。

圖 5-82

④ 當左子午拳打向前後，即前轉下按，又打出右子午拳（圖5-83）。左右反覆練習。

圖 5-83

圖 5-84

（16）高膀手與子午拳
① 站鉗陽馬，雙手仍成正反左前弓右後弓箭手勢（圖5-84）。

② 前左弓箭手化高膀手，右手化直沖拳打向前方（圖5-85）。

圖 5-85

③當右直沖拳打出後，左高膀手回按轉右高膀手（圖5-86）。

圖 5-86

當右高膀手到位時，又打出左日字沖拳（圖5-87）。反覆訓練。

圖 5-87

（17）伏按掌與抽握拳

① 站鉗陽馬，雙手仍成正反掌，即右前左後弓箭手（圖5-88）。

圖 5-88

圖 5-89

② 右手從前轉下按掌，同時左拳抽向前（圖5-89）。

圖 5-90

③ 當左拳抽上即轉下按手，同時抽上右拳（圖5-90）。

圖 5-91

（18）中攔及搭橋手
① 站鉗陽馬，雙手左前弓箭手，右後弓箭手（圖5-91）。

② 左手前挑起成鶴頸手，左手二桐外簾處向藤箍圈內左方擺，右手成後割橋手，也稱中攔橋手，向右後下方猛拉（圖5-92）。

圖 5-92

③ 左手從前轉下成後手，向左下方拉割，右手在藤箍圈內前轉，向前成右上鶴頸手，向右方擺成右前鋒手（圖5-93）。

圖 5-93

④ 右手前標後轉下後成拉割手，左後手又順時針向前標出鶴頸手（圖5-94）。雙手向前如車輪轉動。也有人稱該勢為搭橋手、前標掌手、陰掌標手。

圖 5-94

圖 5-95

（19）割掌、中攔、守
中掌（陰標掌）

① 站鉗陽馬，雙手以正
反圈手，右手在前，左手在
後，成弓箭勢（圖5-95）。

圖 5-96

② 右手轉中攔回扣，
同時左手以子午前穿陽（標
手）掌，雙手在身前成左前
右後互拉（圖5-96）。

圖 5-97

③ 當左穿掌完成後，
即轉下後成中攔掌，而右中
攔掌從後下向前上轉成右穿
掌，雙手仍成互拉（圖5-
97）。

④ 當右穿掌完成後，由前下轉後成中攔掌，左中攔掌從後下向前上轉成左穿掌（圖5-98）。

（20）上下互拉（中攔托腮）

① 開鉗陽馬，雙手仍以右前左後弓箭手勢（圖5-99）。

② 依上勢，右前鋒手轉下攔割手，左手上托（圖5-100）。

圖 5-98

圖 5-99

圖 5-100

圖 5-101

圖 5-102

圖 5-103

③當左托手完成後即前轉到後，轉成中攔割掌，右手從後順時針轉，向前上托（圖5-101）。

④當右手前托掌完成後，又從前轉下成中攔割掌下扣，而左手從後下順時針轉成前上托（圖5-102）。

（21）藤箍內的詠春三掌

①上下雙飛掌

A. 站鉗陽馬，雙手以左前右後弓箭手勢（圖5-103）。

B. 左手化豎掌向前攤擊
的同時，右手化底掌向前推
擊，成左上右下掌，即上下
雙飛掌（圖5-104）。

圖 5-104

C. 雙手同時回收轉成右
前弓左後箭手勢（圖5-
105）。

圖 5-105

D. 依上勢，右手化豎掌
向前推擊的同時，左手也化
底掌向前推擊，成右上左下
的上下雙飛掌（圖5-106）。
為了讓初學者瞭解，現只做
推一半的動作，再往前推就
成雙飛掌。

圖 5-106

圖 5-107

② 左右破排掌

A. 開鉗陽馬，雙手以左前弓右後箭手勢（圖5-107）。

圖 5-108

B. 身體向右轉雙手同時化雙掌打出，左手在上，右手在下，指尖同時向左排一字成破排掌（圖5-108）。

圖 5-109

C. 身體回中後向左轉，雙手回時化掌打出，右手微上，左手微下，指尖同時向右方排一字成破排掌（圖5-109）。

③ 正中穿心掌

依上勢，在雙破排掌的基礎上，身體回轉歸中成身鉗陽馬，轉右手下伏，左掌打出正沖拳在敵心窩處（圖5-110）。也可直接轉內簾穿心掌，或可直轉外簾打雙飛掌，或可轉打破排掌，連打成詠春拳三三不盡六六無窮的連環招式。

詠春拳雖然有很多地方是以巧取勝，但沒有過硬的基本功，是不可能有實戰能力的；沒有刻苦的訓練，是不可能達到高層次的。紮實的詠春拳基本功訓練是通向成功的必由之路。

圖 5-110

五、日字沖拳與掄中的訓練

日字沖拳是詠春拳基本攻擊拳法之一，實戰中常用此手法。日字沖拳的拳眼朝天，拳面像「日」字形。日字沖拳具有很大的威力，即能攻又能守，可在最快的時間內攔截對手的各種進攻手法。

它多採用的是中線攻擊一點（根據兩點成一線，點與直線間的垂直距離最短的科學原理），故每出一拳，都要注意手肘歸中，緊貼二肋，以肘底發力直線把拳頭朝子午線推出。

如連環沖拳，要求出每一拳都在另一隻手的橋腕上打出，使雙手經常處於封閉狀態，以防對手反攻搶我中線。由連環沖拳的訓練，能使雙手及全身都處於輕鬆狀態。連環沖拳是短距離間不斷前衝，雙拳連續快速搶中打向對手，但出手時要有彈性，只有在拳頭快擊中目標的瞬間才把力集中於一點，打出帶有很強的穿透力，這樣對方很難防擋。所以，快速搶中擊打與突然發勁，具有非常大的殺傷力和瞬間爆炸力。

直沖拳出擊強調正中，即拳由心發，肘得歸中。子午沖拳是詠春拳的攻防技術核心，它在手法和樁法上都佔有較主要的位置。拳頭打出，定要占住胸位垂直位置（也稱守中），迫使對方手攻防動作偏離這個核心。

練熟下盤步法及基本功法後，可進入了日字沖拳的總訓練。詠春拳的沖拳與其他門派的沖拳不太相同，雙拳不是提於腰際，而是提於雙腋下，雙手肘後鉗。詠春拳前輩說：「上鉗肘，下鉗陽。」雙肘後鉗，向前打出的拳才會

更直、更快、更有勁力。

當雙拳在腋下停留時，雙拳的拳眼是向兩旁，即左右；雙拳向前衝時，拳眼已轉朝天，產生旋轉勁。當雙拳從腋下打出時，手臂、拳頭要微微放鬆，當拳頭距目標距離一寸時，拳頭才突然緊握，肩膀向前追出一寸，肘下沉（詠春拳前輩們稱「出膊」，即追肩），即能打出三關力。拳頭打直時，自然產生後坐，也叫自然屈收，這時手臂會微微彎曲，叫回守。

直沖拳很重要，要求習者多練習，不要怕苦。當沖拳打熟練後，收拳、出拳都要有一定的肘底勁，不然打出的拳不沉不實，不能產生很大的殺傷力。

打日字沖拳也叫扯日字拳，以前紅船伶人沒有太多的訓練器材，除了抓泥磚直沖拳外，便是扯空拳了。

扯空拳訓練時由慢入快，不斷地加大速度和力度，連續左、右、左加速發力。這樣才能使舊力去盡，新力方生。只有苦練扯空拳，力才能順利地出三關。要求習者必須練好連環沖拳的基本功，天天堅持苦練一千次以上。然後再練眼法。練眼法時要求自己能長時間注視攻擊目標，準確判斷其位置，例：目視對方拳頭，達到對方拳頭打到自己面前心不慌。

圖 5-111

圖 5-112

圖 5-113

1. 日字沖拳的訓練與應用

（1）日字沖拳的訓練

① 開鉗陽馬，用力打出左日字沖拳於中線（圖5-111）。

② 依上勢，用力打出右日字拳於中線，左手收回將台（圖5-112）。

③ 依上勢，再用力打出左日字沖拳於中線，右拳收回將台（圖5-113）。

（2）日字沖拳的應用

①甲乙雙方準備格鬥（圖5-114）。

②甲方沖右日字拳擊打乙方。乙方即以左手上格成枕手；同時，沖出右沖拳擊打甲方臉（圖5-115）。

當直沖拳熟練後，便進入了搶中線的訓練及傳統的「標馬扯拳」等入門必練基礎動作。詠春拳基本功的訓練實際是馬是馬、手是手的訓練，只有進入標馬扯拳才進入了手腳並練及防守攻擊的基本簡單式。本書暫不介紹標馬扯拳。

2. 搶中線訓練（即三沖拳訓練）

（1）甲乙雙方站大鉗陽馬對峙，雙方同時朝對方鼻梁打出左沖拳（圖5-116）。

圖5-114

圖5-115

圖5-116

圖 5-117

圖 5-118

（2）當雙方都收回左拳時，又同時打出右搶中拳（圖5-117）。

（3）依上勢，當雙方收右拳時，同時又打出左日字沖拳（圖5-118）。該勢稱三沖拳對練，也是三星拳對練。

要求互搶中線，即把對方的橋手趕出自己中線。當經過數百個沖拳對練回合後，可進入甩手訓練。甩手是詠春拳紅船伶人們秘練手法之一。它是將手臂及雙肩甩鬆，以助拳力出三關；可為將來的寸勁重拳打下基礎。

3. 甩手訓練

（1）站大鉗陽馬勢，手停在雙腋下，變雙拳為掌，向對方眼眉處直標（圖5－119）。

圖 5-119

（2）依上勢，雙掌向身後下方甩去（圖5-120）。

圖 5-120

（3）依上勢，雙手似雙陰掌向前方標出（圖5－121）。

圖 5-121

（4）依上勢，雙掌向後下方甩打，反覆不斷地訓練（圖5-122）。

當甩手訓練完成，便可以配合其他沖拳手法，如拍手搶中沖拳、攤手搶中沖拳、攔手搶中沖拳等。

圖 5-122

圖 5-123

4. 日字沖拳與攔橋手的訓練與應用

（1）甲乙雙方準備格鬥（圖5-123）。

（2）乙方沖右低拳打甲方腹部。甲方用左攔手做防擋，同時向乙方臉部打出右日字沖拳（圖5-124）。

圖 5-124

5. 攤橋手與三星拳對練

詠春拳的主要宗旨是「守中用中」，當一個人站正身鉗陽馬步時，從百會到會陰中間，直下到兩腳間中線，稱為人體中心，「中」即子午。如果不掌握好這一中線，身體會馬步不穩，失去重心。詠春拳要求守住中線，就是這個道理。

詠春拳除守住這一中心外，還提倡打擊對手這一中線，這也是擊敗對手的關鍵所在。

如對方打擊你，你用直拳搶中打出，把對方的來拳擠出了外簾；如對方再想攻擊你，這時你已把對方擠出中線，那它只有改變出擊路線，這就延長了攻擊距離，又拖延了時間，降低了反擊效率。

所以，要「裏簾必爭」，練好守中用中。雖然守中搶中是本門的宗旨，但也不是絕對的，當你練到一定程度時，師傅會教你主動放棄中線，走偏門，用偏門手法去進攻。這就進入了攤手沖拳和攤橋手與三星拳的訓練。

攤橋手常常要配合其他手法，如攤伏手，也有人稱為吞手，是詠春拳常用手法之一，常用來以直去破橫拳。有攤必有伏，它廣泛流傳於三套基本拳套路之中，佔有非常重要的位置。此節順帶介紹一下攤伏一陰一陽掌手法。

如甲乙雙方以大鉗陽馬對峙，甲方一直拳擊打乙方。乙方用左手或右手攤住或伏住甲方打來的拳，另一隻手沖拳擊打甲方臉部。甲方又用另一隻手攤伏住乙方打來的拳，再反擊。如此反覆練習。

（1）攤手訓練

① 站鉗陽馬，攤左手沖打右拳（圖5-125）。

圖 5-125

② 依上勢，轉攤右手沖打左拳（圖5-126）。

圖 5-126

（2）攤橋手與三星拳應用

① 甲乙雙方準備格鬥（圖5-127）。

圖 5-127

② 甲方上左步，打出右沖拳擊乙方。乙方即以左攤手攤甲方右沖拳，同時打出右沖拳搶中打甲方的臉部（圖5-128）。

圖 5-128

6. 迫步箭拳訓練

學習了以上各類手法後，便進入了迫步箭拳訓練。把三星拳和迫步聯繫在一起練習，是因為搏擊打鬥、黏手都是運動著的，要求格鬥者手腳併用，達到上下統一、協調。

圖 5-129

（1）站鉗陽馬步，上左步，沖打右沖拳（圖5-129）。

（2）上右步，沖打左沖拳（圖5-130）。

圖 5-130

圖5-131

（3）依上勢，左步一蹬地，右步上彈一步，緊跟著左後腳跟上一步。同時，打出右沖拳（圖5-131）。

圖5-132

（4）依上勢，左腳又一蹬地，右腳又向前彈上一步，左後腳又跟上一步。同時，打出左沖拳（圖5-132）。

7. 攤手側沖拳的訓練與應用

（1）站鉗陽馬（圖5-133）。

圖5-133

（2）身腰馬同時左轉，成左前右後馬步。左攤手，右手打側身拳（圖5-134）。

（3）依上勢，身腰手同時右轉，成右前左後馬步。右攤手，左手打側身拳（圖5-135）。反覆訓練。

8. 攤手側沖拳的應用

（1）甲乙雙方準備格鬥（圖5-136）。

圖 5-134

圖 5-135

圖 5-136

（2）乙方以左沖拳打向甲方。甲方及時以左攤手攤住乙方左沖拳外簾，身體同時向左轉，向乙方肋部打出右直拳（圖5-137）。

圖 5-137

（3）依上勢，乙方又以右沖拳擊打甲方。甲方及時以右攤手攤住乙方打來右沖拳的外簾，身體同時向右轉，向乙方肋部打出左直拳（圖5-138）。

9. 內、外搭手訓練與應用

訓練好攤手側身沖拳後，再轉入上搭下伏，也稱內外搭橋手的訓練。如搭手從對方攻來的手外簾迎擊，可稱為外搭手；從內簾反擊則稱為內搭手，而內、外搭手，也可稱為搭攤下伏按手，也有個別人稱它為上攔下按，是詠春拳常用手法之

圖 5-138

一。該橋勢手是由搭攤轉化而來，如左手從對方手外簾搭手轉下化為按伏手，左手從對方內簾搭出可轉化為搭拉下伏手。如熟練掌握了內、外搭伏手，即可由此轉化為四兩撥千斤。

搭手需二人同時訓練。如：甲乙雙方站鉗陽馬，甲方右直拳擊乙方，乙方即以左攤手攤住甲方打來的拳。因攤手搶的是內簾，故稱內搭手法。如搭手在乙方外簾攤甲方打來的右拳，則稱為外搭手。如此輪流對練攻防一段時間後，便能使手部皮膚反應敏感等。

剛開始訓練可定式練習，一段時間後即可練不定式。不定式、腰馬橋同練，手臂等也同時得到了鍛鍊。

（1）內、外搭手訓練
① 站鉗陽馬，左手前出成鶴嘴勢（圖5–139）。

圖 5-139

② 依上勢，左手收回腰際或成護手，右手前出成鶴嘴手（圖5-140）。

圖 5-140

（2）內、外搭手
　　應用
　① 甲乙雙方準備格鬥（圖5-141）。

圖 5-141

② 乙方以右沖拳打擊甲方。甲方以左鶴脛手從外簾或內簾黏住乙方右沖拳。（圖5-142）。

圖 5-142

③甲方此時轉左伏
按手，用右直拳打向乙方
臉部（圖5-143）。

圖 5-143

10. 內簾手訓練

（1）甲乙雙方準備
格鬥（圖5-144）。

圖 5-144

（2）乙方以右沖拳
打甲方。甲方即以左搭手
從乙方來拳內簾黏住乙方
右沖拳，或搭住外簾（圖
5-145）。

圖 5-145

圖 5-146

（3）這時，甲方的搭手突然轉下拉伏手，同時右直沖拳擊乙方臉部（圖5-146）。

圖 5-147a

11. 伏手訓練及應用

（1）伏手訓練

站大鉗陽馬，左手從子午線下前伏手（圖5-147a），然後收左拳於胸際，轉右手從前中線下伏（圖5-147b）。

圖 5-147b

（2）伏手的應用

① 甲乙雙方準備格
鬥（圖5-148）。

② 乙方上步沖左拳
打擊甲方中路。甲方左手
攔住乙方左拳（外簾）轉
下伏按，同時打出右日字
拳，擊於乙方臉部（圖5-
149）。

圖 5-148

12. 抽撞拳的訓練
及應用

抽撞拳的訓練沒有什
麼模式，一般出右腳抽左
撞拳，出左腳抽右撞拳。
練純熟後不要求守這個規
律，出右腳也可抽右撞
拳。

圖 5-149

圖 5-150

（1）正中抽撞拳的
　　　訓練

站鉗陽大馬，上右步成
右前弓左後箭馬。同時，力
由腰馬發，抽出左抽撞拳至
身前，高度以下顎為準（圖
5-150）。練好左拳轉右拳。

圖 5-151

（2）兩邊抽撞拳
　　　的訓練

① 站鉗陽馬，身腰馬
轉左方。同時，抽出右撞拳
（圖5-151）。

圖 5-152

② 依上勢，身腰馬同
時向右轉。同時，抽出左撞
拳（圖5-152）。

（3）抽撞拳的應用

①甲乙雙方準備格鬥（圖5-153）。

②甲方上左步以右直拳擊打乙方。乙方以左攤手攤甲方來拳內簾；同時，抽出右撞拳搶中擊打甲方正門部位（圖5-154）。

練完正中擊打後，可練習左右兩邊抽撞拳。抽撞拳應用極廣，如搶中抽撞拳；如對方身高力大，我可靈活改走偏門，將抽撞拳化勾橫拳或偏身長拳擊打對方。

13. 勾橫拳的訓練與應用

（1）勾橫拳的訓練

①站開鉗陽大馬（圖5-155）。

圖 5-153

圖 5-154

圖 5-155

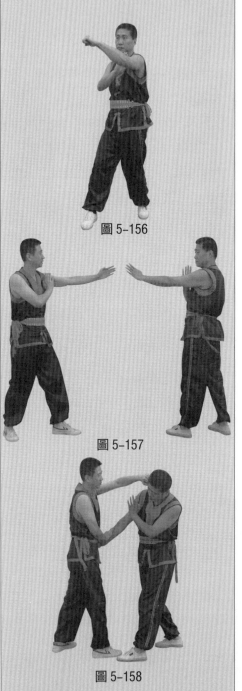

②　依上勢，上右馬成右前左後大馬。同時，左橫勾拳橫抄對方太陽穴（圖5-156）。練好左拳即轉練右拳。

圖 5-156

（2）勾橫拳的應用
①　甲乙雙方準備格鬥（圖5-157）。

圖 5-157

②　乙方上步以右直拳擊打甲方。甲方則以右伏按手搶內簾，按乙方的來拳；同時，以左手橫勾擊打乙方太陽穴（圖5-158）。

圖 5-158

14. 走偏門打掛拳的
訓練與應用

掛拳是詠春拳法中較獨特的拳法，基本手法是以搶打為消，以攻為守。一般配合其他手法，擊打的威力很大。

（1）走偏門打掛拳
    的訓練

① 站開鉗陽馬（圖5-159）。

② 左手在身前下伏按，同時，右手從上掛下打正中（圖5-160）。

③ 依上勢，右手從子午線前下伏按，左手從上掛下打正中（圖5-161）。

圖 5-159

圖 5-160

圖 5-161

圖 5-162

圖 5-163

圖 5-164

（2）走偏門打掛拳
的應用

【例1】

① 甲乙雙方準備格
鬥（圖5-162）。

② 乙方上步，以直
沖拳擊打甲方上中路。甲
方即向乙方打來的右沖拳
外簾橫偏走一步，二手同
上，以右手攤住乙方右拳
外簾；同時，以左手托掌
托擊乙方下顎（圖5-
163）。

③ 依上勢，甲方左
托掌速轉，下按乙方右橋
手；同時，右攤手轉掛拳
擊打乙方臉部，此勢也叫
外托內掛（圖5-164）。

【例2】

① 甲乙雙方準備格鬥（圖5-165）。

圖 5-165

② 乙方上步以右沖拳打甲方。甲方迎上去以左攤搶中，攤住乙方打來右拳之內簾，以右掛拳打擊乙方胸部（圖5-166）。

圖 5-166

③ 依上勢，乙方左手反擊。甲方以右掛拳轉攤手攤住乙方左反擊手內簾；同時，左攤掌內扣外掛，打擊乙方臉部（圖5-167）。

圖 5-167

15. 膀手轉掛拳應用

（1）甲乙雙方準備格鬥（圖5-168）。

圖 5-168

（2）甲方上步以左沖拳擊打乙方中路。乙方則以右膀手膀在甲方的左沖拳外簾（圖5-169）。

圖 5-169

（3）依上勢，乙方左護手突然抓甲方左拳手腕，右膀手內扣轉掛拳擊打甲方頭部（圖5-170）。

圖 5-170

16. 偷漏拳的訓練與應用

橫漏拳、直漏拳，一般統稱為偷漏拳。拳訣曰：「直力打（拳）來時要漏出，橫力打來時要漏入。」但這不是絕對的，因為詠春拳是以反其道而行拳的。

（1）偷漏拳直漏手打的應用

【例1】

① 甲乙雙方準備格鬥（圖5-171）。

② 甲方上步，沖右直拳擊打乙方胸部。乙方則以右攤手攤住甲方右直拳外簾橋手上（圖5-172）。

③ 乙方右攤手轉下拉手，使對方重心前傾；同時，左護手按甲方右肘部位，右拳化偷手由下往上以拳背擊打甲方臉部（圖5-173）。

圖 5-171

圖 5-172

圖 5-173

圖 5-174

【例2】

① 甲乙雙方準備格
鬥（圖5-174）。

圖 5-175

② 甲方上步，以右直
拳擊打乙方中路。乙方則
以右攤手攤住甲方來拳外
簾橋上（圖5-175）。

圖 5-176

③ 乙方攤手往下急
拉，左護手化拳，擊打甲
方臉部（圖5-176）。

④ 依上勢，乙方拳擊打甲方後即化掌，下按住甲方右拳橋上；同時，右手化直漏手擊打甲方臉部（圖5-177）。

圖5-177

（2）偷漏拳拍頸直漏打的應用

① 甲乙雙方準備格鬥（圖5-178）。

圖5-178

② 甲方上步，以右直沖拳擊打乙方中路。乙方則走甲方右偏門，以右攤手攤住乙方打來右拳的外簾二桐處（圖5-179）。

圖5-179

③ 依上勢，乙方右攤手下扣，左手直衝去扣抓甲方脖子，右攤手化直拳擊打甲方臉部（圖5-180）。

圖 5-180

（3）偷漏拳橫漏手打的應用

① 甲乙雙方準備格鬥（圖5-181）。

圖 5-181

② 甲方上步，以右勾拳擊打乙方。乙方以抽撞拳擋甲方的右勾拳（圖5-182）。

③ 乙方左拳化內攤手攤住甲方右勾拳的內簾。甲方又以左拳擊打乙方（圖5-183）。

圖 5-182

④ 乙方左攤手化枕手，封甲方左直拳，身腰馬朝右移一步；同時，右橫漏拳從甲方肘底打入甲方肋部（圖5–184）。

17. 偏身沖拳的訓練與應用

偏身沖拳也稱偏身拳，是把身體偏側轉向對方，以更有效地擊打對手。在搏擊中，二字鉗陽馬的轉移及出手的角度突然改變，即身腰馬轉動方向及橋手的變化，既可搶中線，又可搶外簾擊打，使對手防不勝防。如對手正面擊我，我不能守住正中和控制對方正中，只有走偏門，也就是人們常說的借力打力。

（1）偏身拳法的訓練

① 站鉗陽馬，朝南面而立（圖5–185）。

圖 5-183

圖 5-184

圖 5-185

圖 5-186

圖 5-187

② 依上勢，身腰馬左轉，右腳在後，左腳在前。同時，打出右側身拳於前方（圖5-186）。

③ 然後身腰馬右轉，左腳在後，右腳站前。同時，打出左側身拳於前方（圖5-187）。身腰馬又向左轉，同時又打出右偏身拳於前方。至於腳上力量的分配，有人說前四後六，也有人說前三後七，這需要習者自己體會。

（2）偏身拳的應用
① 甲乙雙方準備格鬥（圖5-188）。

圖 5-188

② 乙方上步，以右直拳擊打甲方。甲方即坐左馬，以左直拳搶壓擊打乙方來拳外簾橋至臉上（圖5-189）。

圖 5-189

③ 乙方又以左直拳擊打甲方。甲方又以右偏身拳搶壓擊打乙方臉部（圖5-190）。

18. 脫手的訓練 與應用

練習詠春拳時，念頭、尋橋、標指、木樁都離不開圈脫腕擺指的訓練。在套路中常見的下插，就是一種脫手，道理很簡單。初學者如右手被擒住，左手可以插沙手解脫，即一手前插脫，一手後拉。

（1）脫手的下脫訓練

① 站鉗陽馬，先打出右沖拳（圖5-191）。

圖 5-190

圖 5-191

② 依上勢，左掌從右拳下插前標，右手以肘底後拉，收回將台（圖5-192）。練完左邊練右邊。

圖5-192

（2）脫手的上脫訓練

① 站大鉗陽馬，沖打出右拳（圖5-193）。

圖5-193

② 依上勢，左插掌從右拳上部砍插壓下；同時，右拳以肘底勁抽回將台（圖5-194）。練完左邊練右邊。

圖5-194

（3）攤手解脫應用

① 甲乙雙方準備格鬥（圖5-195）。

圖 5-195

② 甲方上步，以右拳擊打乙方。乙方以左手抓住甲方的沖拳腕部外簾或內簾（圖5-196）。

圖 5-196

③ 甲方將右沖拳轉攤手又轉伏手，後又突然轉打底掌，即可解脫（圖5-197、圖5-198）。

圖 5-197

圖 5-198

圖 5-199

（4）膀手解脫應用

① 甲乙雙方準備格鬥（圖5-199）。

圖 5-200

② 甲方上步，以右拳擊打乙方。乙方左手抓住甲方右沖拳腕部（圖5-200）。

③ 甲方即膀起右手
（圖5-201）。

圖 5-201

④ 依上勢，甲方沉肘
掛拳即可以解脫乙方抓擒
（圖5-202）。左邊練完再
練右邊。

圖 5-202

19. 陰鏟掌的訓練
與應用

（1）陰鏟掌的訓練

① 站開鉗陽馬（圖5-
203）。

圖 5-203

②左手護在右肩膀，
右手陰鏟掌直接鏟向正中
前方（圖5-204）。練熟
左邊再練右邊。

圖 5-204

（2）陰鏟掌的應用
①甲乙雙方準備格鬥
（圖5-205）。

圖 5-205

②甲方上步，以右直
拳擊打乙方。乙方即以右
攤手攤住甲方右直沖拳的
外簾（圖5-206）。

圖 5-206

③ 乙方左護手突然下
按甲方的右直拳；同時，右
手變陰鏟掌，鏟向甲方脖子
（圖5–207）。

圖 5–207

20. 陽鏟掌的訓練
與應用

（1）陽鏟掌的訓練

① 站鉗陽馬（圖5–
208）。

圖 5–208

② 左手以護手護在右
肩膀，右手以陽掌直鏟向前
方（圖5–209）。練完左邊
練右邊。

圖 5–209

圖 5-210

（2）陽鏟掌的應用

① 甲乙雙方準備格鬥（圖5-210）。

② 甲方上步，以右直沖拳擊打乙方。乙方即以右攤手攤住甲方沖拳外簾（圖5-211）。

圖 5-211

③ 乙方左護手突然拍擊甲方的右拳關節位；同時，右掌變陽掌鏟向甲方脖子（圖5-212）。

圖 5-212

六、鏟手轉拉伏及直沖拳的訓練與應用

這裏簡單介紹一組先防守轉反擊的基本功及基本手法組合，即從脫手化鏟殺手。因為詠春拳熟練以後，一般不採取消極的閃避方法，而常常以招中帶打的方式還擊敵人。如對方進擊，我先以攤手或其他手法接近對方，再以白鴿殺掌迎對方的反擊，也可化連環沖拳追打對方。

圖5-213

1. 鏟手轉拉伏及直沖拳的訓練

（1）站鉗陽馬（圖5-213）。

圖5-214

（2）身體微右轉殺出左陰掌（圖5-214）。

（3）身腰馬轉正，左手下抓在前腹前；同時，打出右沖拳（圖5-215）。練好左邊轉右邊。

圖5-215

圖 5-216

2.鏟手轉拉伏及
直沖拳的應用

（1）甲乙雙方準備
格鬥（圖5-216）。

（2）甲方以左直拳
擊打乙方。乙方以左手攤
住甲方來拳外簾（圖5-
217）。

（3）甲方以右直沖
拳擊打乙方。乙方即以左
殺手擊打甲方右拳關節
位；同時，又沖拳擊打在
甲方臉部（圖5-218）。

圖 5-217

七、攤膀手的訓練
與應用

攤手在詠春拳的攻防
技術裏佔有相當重要的地
位。詠春拳素有「有攤必
有膀，有膀必有攤」之說
法。該拳是由一陰一陽手
法組建而成的攻防手法。

圖 5-218

陰陽攤膀是實戰中運用較多的一種連消帶打或不招而打的手法。以攤膀手轉進攻，使對方在一接招時便已失敗，難以再進招。因為以攤手、膀手做先鋒手接招後，反擊的招式能環環緊扣。在實戰中它既能攻又能守，攻時突然兇猛，守時接送自如，沒有破綻使對方可鑽。

圖 5-219

1. 攤膀手的訓練

（1）站鉗陽馬（圖5-219）。

（2）身體向右轉，同時膀出左手，右手以護手護於左肩膀（圖5-220）。練好左膀練右膀。

圖 5-220

圖 5-221

2. 攤膀手的應用

（1）甲乙雙方準備格鬥（圖5-221）。

（2）甲方上步，沖右拳擊打乙方。乙方以右膀手搶中膀手，膀在甲方的右拳內簾（圖5-222）。

圖 5-222

（3）當乙方以右膀手膀住甲右拳時，甲方又打左拳。乙方坐正身體，右膀手即化下伏手，管住甲方左手，左護手直沖拳打甲方臉上（圖5-223）。

圖 5-223

3. 攤膀手搶內簾
應用

（1）甲乙雙方準備
格鬥（圖5-224）。

圖 5-224

（2）甲方上步，以
右拳擊打乙方。乙方迎
上，以左膀手膀住甲方右
沖拳的外簾，右手護在左
肩膀（圖5-225）。

圖 5-225

（3）當乙方左膀手
膀住甲方右直拳時，右護
手勾腕再轉下抓手，左膀
手即轉掛拳擊打甲方臉部
（圖5-226）。

圖 5-226

圖 5-227

4. 攤膀手同時應用

（1）甲乙雙方準備格鬥（圖5-227）。

（2）甲方上步，以右直拳擊打乙方。乙方即走甲方右偏門；同時，右手攤、左手膀住甲方右沖拳外簾（圖5-228）。

圖 5-228

（3）乙方以右攤手轉下按手，左膀手轉沉肘掛拳擊打在甲方臉上（圖5-229）。

攤膀手是詠春拳最善變化的手法之一，它既可變防，又可變攻。攻時以攤膀手進攻，發力突然、兇猛，使對方難招難架；守時以攤膀手防禦，使對方難以進入。攤膀轉化起來如離弦之箭，勢不可擋。

圖 5-229

八、耕手的訓練
　　與應用

　　「耕攔」是前人結合八卦中的二易創出的手法。如果說攤手是防中守中之打法，那麼，耕手就是搶中打中之手法，是二易手法。俗話說：「二易生四象，四象轉八卦。」耕手常與攔手互用，如果說耕法是防上打上的話，那麼，攔手就是防中打下的手法。耕手運用二桐去防守，常又配合「二易」化直沖拳、腰馬攻防、再配合另一隻手去搏擊，有更大的殺傷力。

1. 耕手的訓練

　　（1）站鉗陽馬（圖5－230）。

　　（2）身腰馬同時右轉，左手以二桐部位從左向右方耕出，意把對方進攻過來的橋手趕出自己的右肩外（圖5－231）。

圖5－230

圖5－231

圖5-232

（3）身腰馬向左轉，右手以二桐內簾向左方耕出，意把對方橋手趕出自己的左肩外（圖5-232）。

圖5-233

2. 耕手搶內轉攤手打

（1）甲乙雙方準備格鬥（圖5-233）。

圖5-234

（2）乙方上步，沖左拳擊打甲方。甲方迎上，以左手搶耕乙方內簾二桐位（圖5-234）。

（3）當甲方耕住
乙方打來的左拳內簾
時，左耕手即化攤手攤
住乙方左拳的內簾；同
時，以右沖拳擊打乙方
（圖5–235）。

3.耕手搶外簾轉
伏手打

（1）甲乙雙方準
備格鬥（圖5–236）。

（2）乙方上步，
沖右拳擊打甲方。甲方
迎上，以左耕手耕住乙
方右拳外簾（圖5–
237）。

圖 5–235

圖 5–236

圖 5–237

圖 5-238

（3）當甲方以左耕手耕住乙方右沖拳外簾時，即轉左伏按手下按；同時，沖右直拳擊打乙方臉部（圖5-238）。

九、攔橋手的訓練與應用

攔橋手也有人稱為插沙手。該手法在詠春拳中應用十分廣泛，三套拳中套套都有該手法。前輩言：「練插沙手時可練下插沙手，到搏擊時可上插上攔，也可化上下攔手。」

1. 攔橋手的訓練

（1）站鉗陽馬（圖5-239）。

圖 5-239

（2）左手沿中線下插後向左方攔出（圖5-240）。

圖 5-240

（3）右手沿中線下插
向右方攔（圖5-241）。攔
橋手左右兩邊外攔在齊大腿
邊沿即可。

2.雙攔橋手的訓練

（1）站鉗陽馬（圖5-
242）。

（2）雙手從子午線下
插後，再向左右攔出（圖5-
243）。

圖 5-241

圖 5-242

圖 5-243

圖 5-244

3.高攔手的應用

（1）甲乙雙方準備格鬥（圖5-244）。

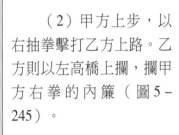

（2）甲方上步，以右抽拳擊打乙方上路。乙方則以左高橋上攔，攔甲方右拳的內簾（圖5-245）。

圖 5-245

（3）乙方左攔橋手在內簾轉下拉；同時，轉腰以右肘擊打甲方臉部（圖5-246）。

圖 5-246

（4）乙方右肘打出後即轉右，扣手拉甲方脖子，左手仍下拉甲方右手（圖5-247）。

圖 5-247

（5）乙方下拉甲方脖子；同時，右膝直頂甲方心口處（圖5-248）。

圖 5-248

4. 下攔手應用

（1）甲乙雙方準備格鬥（圖5-249）。

圖 5-249

（2）甲方上步，以右低插拳擊打乙方下路。乙方則以左下攔手攔甲方右插拳內簾；同時，打出破中殺掌或右直沖拳在甲方臉上（圖5-250）。

圖5-250

5.攔手化標指及鏟手的訓練及應用

標指、鏟手、脫手素有詠春拳三大奇招之稱，如插腿、喉、襠，連環標指，鏟手及脫打。標指手法運用在搏擊中，比鏟手及脫手更有優勢。但詠春拳素有「標指不出門」之說，所以，鏟手及脫手是常用手法之一。永春拳訣曰：「得標指一出，莫停留。」也就是說，運用標指手法一旦成功，對手就沒有喘息的機會。

傳統訓練標指基本功的方法是：先做掌練俯臥撐，從100次開始，逐漸增加；然後二指練俯臥撐。還要做增加力度的練習，如手掌插

大米、插綠豆、插沙及插鐵
沙等。歷代前輩都很重視標
指的練習，俗話說：「拳無
掌能，掌無指精」、「一寸
長一寸強」。可見標指的功
力何等重要。

圖 5-251

（1）標指的訓練
① 站 鉗 陽 馬 （ 圖 5-
251 ）。

圖 5-252

② 標出左劍指手，右
護 手 護 在 左 肩 膀 （ 圖 5-
252 ）。

③ 標出右劍指手，左
護 手 護 在 右 肩 膀 （ 圖 5-
253 ）。

圖 5-253

圖 5-254

（2）標指搶內簾的
　　應用
　①甲乙雙方準備格鬥
（圖5-254）。

圖 5-255

②甲方上步，以右拳
擊打乙方。乙方迎上，以
左手攤住甲方右沖拳內
簾；同時，右手化直標擊
打甲方臉部（圖5-255）。

圖 5-256

（3）標指搶外簾的
　　應用
　①甲乙雙方準備格
鬥（圖5-256）。

② 甲方上步，以右拳擊打乙方。乙方即走偏門迎上，以右攤手攤住甲方右沖拳外簾；同時，左手從甲方大臂上直插甲方臉部（圖5-257）。

圖 5-257

（4）標上打下的
　　　應用
① 甲乙雙方準備格鬥（圖5-258）。

圖 5-258

② 乙方上步，以右直沖拳擊打甲方。甲方以左伏手伏住乙方右拳；同時，打出右沖拳擊打乙方中路（圖5-259）。

圖 5-259

③ 乙方速用左手標攔
甲方右沖拳；同時，直打出
右拳（圖5-260）。

圖 5-260

④ 乙方右拳打出後即
轉下按，隨後打出左沖拳
（圖5-261）。

圖 5-261

⑤ 乙方打出左拳時即
轉伏手，打出右沖拳（圖
5-262）。

可打出左右左右左的連
環沖拳或連環標指。

圖 5-262

十、拍手的訓練
與應用

上化掌人們常稱為拍手，也有人稱為拜掌。該掌主要用來防禦對方攻打自己上路，並守護自己的子午線。拍手一般守在第二道防線上，護手和前鋒手交替變換位置，形成一個很好的前攻後防樁姿。

1. 拍手的訓練

（1）站鉗陽馬（圖5-263）。

（2）身腰馬不變，左手從左向右推拍掌至右肩膀（圖5-264）。

（3）左拍掌收回左肩將台，右拍掌從右向左方推拍掌至左肩膀，有推趕對方出中之意（圖5-265）。

圖 5-263

圖 5-264

圖 5-265

圖 5-266

2. 拍手搶拍內簾
　　的應用

　　（1）甲乙雙方準備格鬥（圖5-266）。

圖 5-267

　　（2）甲方上步，沖左拳擊打乙方。乙方迎上，以左手拍打甲方左來拳二桐處內簾；同時，右沖拳擊打甲方中門臉部或胸部（圖5-267）。

圖 5-268

3. 拍手搶拍外簾
　　的應用

　　（1）甲乙雙方準備格鬥（圖5-268）。

（2）甲方上步，沖右拳擊打乙方。乙方迎上，以左手拍打甲方右沖拳外簾；同時，右手下插拳直擊甲方肋部（圖5-269）。

圖 5-269

十一、拉手的訓練與應用

拉手一般是從攤伏、拍手轉化而來。拉手只是借力而已，不要求死抓對方手橋，只是在突然的情況下起扶助的作用。

1. 拉手的訓練

（1）站鉗陽馬（圖5-270）。

圖 5-270

（2）身腰馬不動，左手從中攤起後，突然將左攤手轉下拉手至腹前（圖5-271）。

圖 5-271

圖 5-272

（3）身腰馬不動，右手從中攤起後，突然轉右拉手至腹前（圖 5－272）。

反覆練習。

2. 拉手沖拳的應用

（1）甲乙雙方準備格鬥（圖5-273）。

圖 5-273

（2）乙方上步，以右拳擊打甲方。甲方即以左攤手從內簾攔截乙方右沖拳（圖5-274）。

圖 5-274

（3）甲方左攤手突然轉拉手；同時，打出右直沖拳在乙方上中路（圖5－275）。

圖 5-275

圖 5-276

圖 5-277

十二、托手的訓練與應用

托手經常應用於詠春拳黏手中，即連消帶打，也稱先消後打。如人們習慣用左耕手把對方來勢趕出右肩，左攤手把對方來勢趕出左肩，那麼，托手便是趕手上出，也稱搶中打中。它與拋掌相似，出手突然加力，從下擊上，擊打對方要害關節部位；同時又配合詠春拳的各種手法，使對方防不勝防。

1. 托手的訓練

（1）站鉗陽馬（圖5－276）。

（2）左手向正中前方托出，右手化護手護住右肩膀（圖5－277）。

練熟左方練右方。

圖 5-278

2.托手的應用

（1）甲乙雙方準備格鬥（圖5-278）。

圖 5-279

（2）甲方上步，以右沖拳擊打乙方中路。乙方即以左手托甲方右沖拳的關節位（圖5-279）。

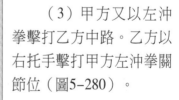

圖 5-280

（3）甲方又以左沖拳擊打乙方中路。乙方以右托手擊打甲方左沖拳關節位（圖5-280）。

3. 托手的應用

（1）甲乙雙方準備
格鬥（圖5-281）。

（2）甲方以右直沖
拳擊打乙方。乙方即以右
攤手攤住甲方右拳外簾二
桐上（圖5-282）。

（3）乙方左手突然
上托甲方右拳關節處，右
手化漏橫拳擊打甲方肋部
（圖5-283）。

圖5-281

圖5-282

圖5-283

十三、帶、割掌的 訓練與應用

如果說拜佛掌守護的是中線，那麼，對方左手中上路擊打我，我以拍掌、托手防守；如對方以右中低拳進攻我中下路，我則用帶掌及割掌阻擊其進攻（廣東稱之為拉「柵攔掌」，即關門攔截的意思）。帶掌及割掌雖叫法不一，但用意一致，即利用前臂和手腕的割橋勁，消解對方中下路攻擊的手、腳、或拳法等。它在念頭套路中稱「柵攔中掌」，在散式中又叫「割橋」或「帶手」，各有其要求及行走路線，主要護中下路。

1. 左帶手訓練

（1）站鉗陽馬，以左拍上掌姿勢擺放（圖5-284）。

圖 5-284

（2）左拍手從右肩膀轉下，割帶手從右往左腰膀

圖 5-285

帶抓，如鷹爪手停放在腰際（圖5-285）。練好左手轉練右手。

2. 左割掌訓練

（1）站鉗陽馬（圖5-286）。

（2）右肩肘下沉，以腕部割手向左腰前模送，再從左腰向右回帶至右腰間，左手提將台不變（圖5-287）。練好右邊練左邊。

3. 帶掌應用

（1）甲乙雙方準備格鬥（圖5-288）。

圖 5-286

圖 5-287

圖 5-288

圖 5-289

（2）乙方以左沖拳擊打甲方上路。甲方即以左指掌拍打來拳內簾（圖5-289）。

（3）乙方又以右沖拳擊打甲方的肋部。甲方的左拍掌即轉帶手下抓按乙方的右沖拳腕部（圖5-290）；同時，沖出右沖拳，擊打乙方臉部。

圖 5-290

4. 割掌應用

（1）甲乙雙方準備格鬥（圖5-291）。

（2）甲方上步，以左直沖拳擊打乙方腰部。乙方即以左割手斜沉向左成割手，外帶甲方左沖拳的外簾部位，出右沖拳擊打甲方臉部（圖5-292）。

圖 5-291

十四、弓背掌的訓
練與應用

弓背掌也叫頂背掌，或稱為伏彈手。當雙方相互糾纏時，許多人本能地以大力、牛力相搏，以死力相格鬥，但用弓背掌手法可以柔制剛地封鎖對方進攻雙手，或伏或壓按，借助對方的橋手反彈來打擊對方上路三角區。弓背掌是典型的詠春拳連消帶打、借力打力、伏手及偷手（一隻手偷彈出去）擊打對方的手法。

1. 弓背掌的訓練

（1）站鉗陽馬（圖5–293）。

（2）左手化弓背掌向前，用肘底勁向正前中線推出歸中（圖5–294）。

圖 5–292

圖 5–293

圖 5–294

圖 5-295

圖 5-296

圖 5-297

（3）轉圈手成拜佛掌，回收到胸前守中位（圖5-295）。

（4）又轉成弓背掌向前推（圖5-296）。

練好左邊練右邊，反覆訓練。

2.弓背掌的應用
【例1】

對方以上路拳擊來，我可採用左前封手，如對方拳靠近我右肩，這時用左攤手阻擋很容易吃虧，我即站左前鋒樁，用右攤手或左弓背掌去迎對方，即先封鎖對方來勢。

（1）甲乙雙方準備格鬥（圖5-297）。

（2）甲方上步，以
右沖拳擊打乙方右胸部。
乙方即以左弓背掌封住甲
方打來右沖拳的外簾二桐
上（圖5–298）。

圖 5–298

（3）乙方左手封住
甲方打來的右拳，同時下
按，在按勁未到位時即轉
上打出左弓背掌或左直沖
拳在甲方臉上，右手始終
護在二防左肩膀（圖5–
299）。

圖 5–299

【例2】
（1）甲乙雙方準備
格鬥（圖5–300）。

圖 5–300

圖 5-301

圖 5-302

圖 5-303

（2）甲方上步，以右下勾拳打乙方中路。乙方即以右割手割住甲方來拳（圖5-301）。

（3）乙方右割手轉下壓，同時打出左弓背手，以偷彈直打甲方喉部（圖5-302）。

十五、環抱掌的訓練與應用

環抱掌是集擒拿、摔打、近身摔擒打於一體的功夫。

1. 環抱掌的訓練

（1）站鉗陽馬（圖5-303）。

（2）左手前上抓，右手以右膀手勾於對方腰肋部。同時，上右腳勾住對方腳跟（圖5-304）。

練好右邊練左邊。

圖 5-304

2.環抱掌的應用

（1）甲乙雙方準備格鬥（圖5-305）。

圖 5-305

（2）甲方以左直沖拳擊打乙方。乙方即以左攤手攤住甲方左沖拳的外簾二桐處（圖5-306）。

圖 5-306

圖 5-307

圖 5-308

圖 5-309

（3）乙方攤手轉拉手上拉甲方左手，上右馬勾住甲方馬步；同時，右手以環抱掌抱住甲方腰部，右胯一頂，即可抱甲方摔出（圖5-307、圖5-308）。

十六、圈腕訓練與應用

圈手和擺指動作在詠春拳套路中出現最多，是前輩參以蛇鶴相鬥所悟出的功法。

詠春拳的發力方法，無論出拳速度和力度都有明顯優勢，而且腕部柔韌、強勁，能纏繞對方。圈腕的功法廣泛用於化解對方的擒拿和纏腕反擒拿。

1. 圈腕的訓練

（1）站鉗陽馬，打出左日字沖拳（圖5-309）。

（2）拳頭慢慢打開，掌心向右方，指尖朝前（圖5-310）。

圖 5-310

（3）手腕促勁使手指下擺（向下）（圖5-311）。

圖 5-311

（4）手指向上（圖5-312）。

圖 5-312

（5）手指再向下（圖
5-313）。

圖 5-313

（6）手指歸中（圖5-
314）。

圖 5-314

（7）掌心轉朝下、朝
左（圖5-315）。

圖 5-315

（8）向左擺指（圖5-316）。

圖 5-316

（9）再向右擺指（圖5-317）。

圖 5-317

（10）再向左擺指（圖5-318）。

圖 5-318

（11）再歸中（圖5-319）。

圖5-319

（12）反掌心向上（圖5-320）。

圖5-320

（13）向內簾圈轉半圈，手指內勾下擺（圖5-321）。

圖5-321

（14）虎口促勁，擺正手腕，回手仍朝下，手心朝右（圖5-322）。

（15）四指回中（圖5-323）。

（16）從小拇指開始握拳（圖5-324）。

注意，手臂在轉擺指時必須保持伸直狀態，手腕和虎口及肘關節不能隨手腕擺動。

擺指和圈手動作貫穿於詠春拳套路動作中，擺指往往能在方寸距離內擊對方要害部位，如眼睛、喉或某些穴位，令對手措手不及。

圖 5-322

圖 5-323

圖 5-324

圖 5-325

2. 內圈手與外圈手 的應用

（1）甲乙雙方準備 格鬥（圖5-325）。

圖 5-326

（2）雙人站以壓腰 距離，甲方擺出雙攤手 勢，占內簾。乙方擺出雙 伏手勢，占外簾（圖5- 326）。

圖 5-327

（3）乙方雙手內旋 下壓。甲方雙托乙方雙橋 手（圖5-327）。

（4）甲方轉雙伏橋手（圖5-328）。

（5）轉到乙方雙手成雙攤手在內簾，而甲方雙手轉成伏手外簾（圖5-329）。

十七、三品掌的訓練與應用

詠春拳的功法很多，三掌是人們常說的三品掌。有人說三掌是印掌、側掌和橫掌；也有人說三掌是撐掌、攤掌和攔掌；還有人說三掌是拋掌、攤掌、耕掌的組合運用；而我早年所學的三掌，是樸翼掌、雙飛掌和穿心掌。

後來到了我師傅及師爺那一輩，在三掌的基礎上又加入膀手和耕掌，把撐掌歸回於正掌或穿心掌；之後，又將穿心掌收了起來，在撐、攤、攔的基礎上，加上拋托弓背掌的練習，把詠春

圖 5-328

圖 5-329

圖 5-330

圖 5-331

圖 5-332

掌的功法訓練向前推進了一步。如搶外簾可用伏掌，搶內簾可用攤掌。

撐掌、穿心掌、印掌屬同一種掌，只是叫法不同，但目的一致，是直接以形打形的手法，能把對方來勢撐開，同時還可擊打對方。

掌的運用比拳廣，中國各代武學大師都有自己秘練的絕技，如「鐵砂掌」、「紅沙手」等，掌一旦練成，比拳頭更具有穿透力和殺傷力。

1. 撐攤攔訓練

（1）開鉗陽馬（圖5-330）。

（2）右護手護於左肩膀，左手化掌向正前方撐出，掌心向前，五指朝天（圖5-331）。

（3）右護掌不動，左手從撐掌轉成攤掌（圖5-332）。

（4）右護手仍不動，左手下轉成攔掌（圖5-333）。

圖 5-333

2. 撐掌的應用
（外簾手）

（1）甲乙雙方準備格鬥（圖5-334）。

圖 5-334

（2）甲方上步，以右直沖拳擊打乙方上路。乙方即以右攤手攤住甲方來拳的二桐處外簾（圖5-335）。

圖 5-335

圖 5-336

（3）乙方右攤手突然轉拉手；同時，打出左撐掌擊打對方臉部（圖5-336）。

圖 5-337

3. 撐掌內簾手 的應用

（1）甲乙準備雙格鬥（圖5-337）。

圖 5-338

（2）乙方上步，以右直沖拳擊打甲方上路。甲方以左攤手搶乙方沖拳內簾部；同時，右撐掌擊打乙方臉部（圖5-338、圖5-339）。

圖 5-339

4. 三品掌的應用

（1）甲乙雙方準備格鬥（圖5-340）。

圖 5-340

（2）乙方上步，以左勾拳擊打甲方腹部。甲方即以右下攔掌攔截（圖5-341）。

圖 5-341

図 5-342

図 5-343

図 5-344

（3）乙方以右直沖拳打甲方上部。甲方即以左攤手攤截乙方（圖5-342）。

（4）當甲方左攤手截住乙方右直沖拳時，即化左撐掌擊打乙方臉部，右攔手仍守下路（圖5-343）。

5. 正掌的訓練及應用（參見撐掌）

6. 側掌的訓練與應用

詠春拳中的側掌是由正掌轉化而來，應用較廣，一般用於打肋殺頸，封殺對方來勢。實戰中，出掌也有很多種，如掌心向下，即稱為陰掌。

（1）側掌的訓練

① 開鉗陽馬（圖5-344）。

②打出左側掌（圖
5-345），右護手置於左
胸前。

圖5-345

③收回左側掌於右胸
前，打出右側掌（圖5-
346）。反覆訓練。

圖5-346

（2）側掌的應用
①甲乙雙方準備格鬥
（圖5-347）。

圖5-347

圖 5-348

② 乙方上步，以右直
沖拳擊打甲方上路。甲方左
側閃，以右攤手攤住乙方右
直沖拳的外簾；同時，殺出
左側掌打乙方頸部（圖5-
348）。反覆訓練。

7. 橫掌的訓練與應用

橫掌也是由正掌轉化而
來。當熟練掌握正掌的技擊
要領後，橫掌應用也就容易
了。

（1）橫掌的訓練

① 開鉗陽馬（圖5-
349）。

圖 5-349

② 衝左橫掌，右拳於
將台不動，或護手在左肩膀
（圖5-350）。

圖 5-350

③ 左橫掌收回左將
台，衝出右橫掌（圖5–
351）。

圖 5–351

（2）橫掌的應用
【例1】
① 甲乙雙方準備格鬥
（圖5–352）。

圖 5–352

② 甲方上步，沖右拳
擊打乙方上路。乙方以左
手搶甲方右沖拳內簾，轉
即伏按甲方的右沖拳；同
時，右橫掌擊打甲方臉部
（圖5–353）。

圖 5–353

圖 5-354

③ 當乙方打出右橫掌後即轉下按手，出左橫掌擊打甲方頸部或穴位（圖5-354）。

圖 5-355

【例2】

① 甲乙雙方準備格鬥（圖5-355）。

圖 5-356

② 甲方上步，以右沖拳擊打乙方。乙方以右攤手攤住甲方打來的右拳外簾二桐處（圖5-356）。

③ 當乙方右手攤住甲方打來右拳時，左掌以正掌撐甲方來拳的關節部位；同時，右攤手即化橫掌直打甲方下頸部（圖5–357）。

8. 穿心掌（參見撐掌）

9. 破排掌的訓練
與應用

該掌有人稱樸翼掌，也有人稱蝴蝶掌，是詠春拳上乘掌法之一。破排掌與圈手雙掌合用，是守中搶攻的打法，充分體現了中攻中守的威力。

（1）破排掌的訓練

① 開鉗陽馬（圖5–358）。

② 上左步成左前弓右後箭馬，雙掌從左或正中打出，左、右掌指尖朝左，掌心向前（圖5–359）。練好左邊練右邊。

圖 5–357

圖 5–358

圖 5–359

（2）破排掌的應用

① 甲乙雙方準備格鬥（圖5-360）。

圖 5-360

② 甲方上步，以右直拳擊打乙方上中路。乙方以右手內簾搭住甲方右來拳內簾二桐，或攤在甲方右手外簾（圖5-361）。

圖 5-361

③ 乙方右搭手外圈的同時，管住甲方右肘關節部位；同時，左手擊打甲方腋窩處，雙指尖朝左，把甲方打出（圖5-362）。

圖 5-362

10. 雙飛掌的訓練
及應用

雙飛掌為每代名師都善用的手法之一。詠春拳訣曰:「破勁敵全仗雙飛掌。」也有人說:「雙飛掌一出必中,一中必傷。」可見該掌的威力之大。

(1)雙飛掌的訓練

① 開鉗陽馬(圖5-363)。

② 上右步成右前弓左後箭馬,右掌指尖向上,左掌指尖向下,掌心向前推擊(圖5-364)。

(2)雙飛掌的應用

① 甲乙雙方準備格鬥(圖5-365)。

圖 5-363

圖 5-364

圖 5-365

② 甲方以右直拳擊打乙方上路。乙方迎上，以右攤手攤住甲方右拳外簾（圖5–366）。

圖 5–366

③ 乙方左掌直推甲方打來拳的肘部關節，右攤手化底掌直擊甲方肘部關節下，雙掌同時發力，將對方打飛（圖5–367）。

十八、攤手的訓練與應用

攤手很重要，變化非常大，僅一種攤手就能變出108種手法，並能與詠春拳中的任何一種手法配合。如攤手轉擒拿手，就是詠春拳克敵制勝的一大法寶；攤手

圖 5–367

與其他手法組合，連環扣打，既能以快制快、以剛制剛，又能以柔制剛、以巧取勝。

1. 攤手轉擒拿手的訓練

（1）甲乙雙方都以右攤手對接（圖5-368），即雙方橋手都攤在對方橋手上外簾處。

圖5-368

（2）甲方先把右攤手化捋手成擒拿手，捋下乙方攤手，並抓住乙方右手腕部（圖5-369）。

圖5-369

（3）雙方又回收成雙攤手（圖5-370）。反覆訓練。

圖5-370

2. 攤手轉擒拿手
的應用

（1）甲乙雙方準備
格鬥（圖5-371）。

圖5-371

（2）甲方上馬，以
右沖拳擊打乙方。乙方在
中線搶出右攤掌，攤住甲
方右沖拳（圖5-372）。

圖5-372

（3）乙方右攤手化
擒拿手用力扣住甲方打來
的右沖拳下拉，左護手同
時化左直沖拳擊打甲方臉
部（圖5-373）。

圖5-373

（4）乙方左沖拳變下伏手向下壓甲方右臂；同時，右手鬆開，速變標指，標向甲方頸部（圖5-374）。

（5）緊接著，乙方的右標手可化批肘，以右肘擊打甲方（圖5-375）。

十九、肘部的訓練與應用

詠春拳基礎功法除了拳、掌、指外，還有肩、腕、胯、肘、腿、膝、腳等，其中肘有直肘、挑肘、茇肘（即前後肘、左右橫肘、上下吸托肘）等。

常言說：「寧挨十拳，莫挨一肘」、「肘打六方實難防」。搏鬥時，肘的殺傷力很大，它具有一寸短一寸險的特點，肘近身擊打，很容易使人致命，所以要慎用肘法。

圖 5-374

圖 5-375

圖 5-376

圖 5-377

圖 5-378

歷代前輩本著「寧肯失傳，不可妄傳」的宗旨，把肘、掌、指的傳授留到最後，只傳給他們認為合格的弟子。再加上有些師傅保守，所以能真正學到肘法、腳法的人很少。我所學的詠春拳72肘法，是在一個偶然的機會，從一位不願意留名的大師那裏學到的。在本節中我只介紹一些基本肘法。

1. 直肘的訓練及應用

（1）直肘的訓練

① 站鉗陽馬（圖5-376）。

② 坐馬，直打左後直肘（圖5-377）。

③ 坐馬，直打右後肘（圖5-378）。

（2）直肘的應用

① 甲乙雙方準備格鬥（圖5-379）。

圖5-379

② 甲方從後襲擊抱住乙方。乙方坐馬，並以左或右肘直擊甲方心部（圖5-380）。

圖5-380

2. 批肘的訓練
　與應用

（1）批肘的訓練
① 開馬（圖5-381）。

圖5-381

② 左批肘。身腰馬右轉，右手按左腕，左肘向正中批去（圖5-382）。

圖 5-382

③ 右批肘。身腰馬左轉，左手按右腕部，右肘向正中批去（圖5-383）。

圖 5-383

（2）批肘的應用

① 甲乙雙方準備格鬥（圖5-384）。

圖 5-384

② 甲方上步，以右拳攻擊乙方。乙方即以右攤手攤住甲方右沖拳；同時，打一個左直掌在甲方臉部（圖5-385）。

圖 5-385

③ 當乙方左直掌打出後，即轉下按住甲方臂彎，出右橫肘擊打甲方臉頸部（圖5-386）。可做左右連環擊肘的訓練。

圖 5-386

3. 笈肘的訓練與應用

（1）笈肘的訓練

① 站鉗陽馬（圖5-387）。

圖 5-387

② 身體右轉，右手按左腕上，左肘飛起從耳邊緣上向下笈向右邊（圖5-388）。

圖5-388

③ 身體向左轉，左手按在右腕上，右肘飛起從右耳邊緣上向下笈肘（圖5-389）。

圖5-389

（2）笈肘的應用
① 甲乙雙方準備格鬥（圖5-390）。

圖5-390

② 乙方上步，以右直沖拳擊打甲方中路。甲方以右攤手攤住乙方打來的右拳（圖5-391）。

圖 5-391

③ 當甲方以右攤手攤住乙方右拳時，即轉拉手；同時上馬，左手扣住乙方脖子（圖5-392）。

圖 5-392

④ 甲方偷出右手，以飛肘從正中笈下肘，擊打乙方臉部和胸部（圖5-393）。

圖 5-393

圖 5-394

圖 5-395

圖 5-396

二十、膝部的訓練
與應用

　　瞭解詠春拳肘法的人不太多，而知道膝法的人就更少了。詠春拳秘笈中所說的以直破橫，以橫破直，可以理解為以腳還腳，以膝破膝。下面簡單介紹一下膝法的訓練與應用。

1. 膝法的訓練

　　（1）站鉗陽馬（圖5-394）。

　　（2）雙手同時向右後拉，右膝上頂（圖5-395）。

　　（3）雙手同時向左後拉，左膝向前上頂（圖5-396）。要求雙膝儘量頂高。

2. 膝法的應用

【例1】

（1）甲乙雙方準備格鬥（圖5-397）。

圖5-397

（2）乙方突然從正面抱住甲方腿或腰部。甲方以右掌壓按乙方頸背部，即起右膝撞頂乙方臉部；同時，打一個左劈拳在乙方後心窩（圖5-398）。

圖5-398

圖 5-399

圖 5-400

圖 5-401

【例2】

（1）甲乙雙方準備格鬥（圖5-399）。

（2）甲方上右馬，以雙牛角拳擊打乙方太陽穴。乙方即以左攤右伏手攤伏甲方雙拳（圖5-400）。

（3）當乙方雙手攔住甲方雙拳時，即轉下拉手；同時，以右膝撞頂甲方肋部（圖5-401）。

二十一、腳法的訓練與應用

詠春拳的腳法與南少林各家各派腳法大致相同。因腳法的殺傷力很大，前人一般不多用。如搏鬥中被對方追擊，迫不得已時，也只採用手腳併用，上下齊攻。詠春門的腳法很多，但此節僅介紹幾種基本腳法。

1. 撐

腳以直線蹬出，多以腳前掌部直蹬出，但也有連腳跟一起都蹬出。

2. 撩

以大腿帶小腿向上踢，多以五指併攏向前向上撩擊目標，如撩陰、穿心等腿式。

3. 掃

也叫掃腿、掃堂腿，多以大腿帶小腿、腳趾或腳跟，以大弧形畫圈掃向對方。

說到基本腳法，先說前蹬。蹬腿是詠春拳正身腳法的練習，踢蹬腳要求身體平衡，提膝快，直蹬更快，達到出腳穩、準、狠。這種蹬擊法，可以借助木樁、沙包練習，也可空蹬練習，只有經過成千萬次的苦練，才可在實戰中做到不蹬則已，一蹬即中，中者必傷。蹬腿在詠春拳腳法中很關鍵，與單腿練習小念頭也有很大關係。小念頭有三種秘練方法，其中一種就是單腿練習。

詠春拳的腳法一般要求不要踢得太高，只踢對方膝關節以下即可。初練者每次可踢100～500次，並要站得穩，身體保持平衡。因實戰中很多時候是以腳進馬，以腳截腳，還擊過程用腳擊打對方。

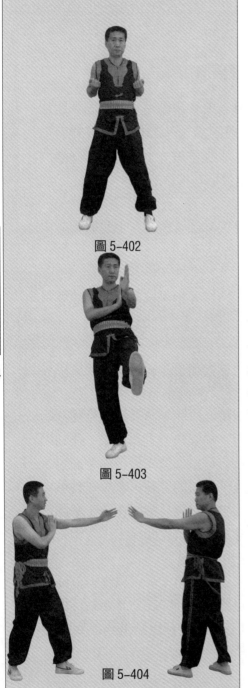

圖 5-402

圖 5-403

圖 5-404

4.前蹬腿的訓練

（1）站開鉗陽馬（圖5-402）。

（2）起左直蹬腿在子午線上，雙手舉起，左手前鋒，右手做護手（圖5-403）。也可以用右腳尖外擺直蹬。左右左反覆訓練。

5.直蹬腿的應用
（中門直蹬）

（1）甲乙雙方準備格鬥（圖5-404）。

（2）甲方上左步，
沖右拳擊打乙方上路。乙
方以左手攤住甲方右沖拳
的內簾，右手去抓甲方
臉；同時，右直蹬腿擊打
甲方（圖5-405）。

圖 5-405

6. 側門搭蹬的應用
（1）甲乙雙方準備
格鬥（圖5-406）。

圖 5-406

（2）甲方上右步，
以右沖拳擊打乙方。乙方
即以右攤手攤住甲方右拳
外簾（圖5-407）。

圖 5-407

圖 5-408

（3）乙方右攤手即轉拉手；同時，右側撐或橫撐腳擊打甲方下路（圖5-408）。

圖 5-409

（4）當乙方右腳落地時，又打出左沖拳在甲方臉上（圖5-409）；還可化連環沖拳。

7. 先截後蹬的應用

（1）甲乙雙方準備
格鬥（圖5-410）。

圖 5-410

（2）乙方上馬，以
右直蹬腳擊打甲方。甲方
即以右腳截擊乙方的右蹬
腳（圖5-411）。

圖 5-411

（3）當甲方右腳截
住乙方腳時，突然轉上直
蹬乙方腹部（圖5-412）。

圖 5-412

圖5-413

圖5-414

圖5-415

（4）當甲方右腳落地時，打一組連環拳（圖5-413）。

詠春拳的撐腳及側撐腳，主要攻擊對方膝蓋骨、臉部、腕部、肋部等要害處。以前不要求起腿高於腰部，是怕失去重心。但目前，詠春拳側撐腳起腳比以前高了，側身對敵，自身暴露面積小，且側身撐腿也易攻和易守，並能調動六合之力。前人練側撐腿一般是直撐（空撐），或在木樁上左右腿交替練習。

8. 側撐腿的訓練 與應用

（1）側撐腿的訓練

① 開馬站右樁勢（右手前、左手後），也可雙拳放在將臺上（圖5-414）。

② 側撐右腿；同時殺右掌（圖5-415）。練熟右邊練左邊。

（2）側撐腿的應用

① 甲乙雙方準備格鬥（圖5–416）。

圖 5–416

② 甲方上左步，以右沖拳擊打乙方。乙方直接轉體，以側身右腿擊打甲方肋部（圖5–417）。

圖 5–417

9. 先截後橫踩的應用

（1）甲乙雙方準備格鬥（圖5–418）。

圖 5–418

圖 5-419

（2）甲方突然起右腿擊打乙方。乙方轉體，以右腿橫踩甲方右下腿（圖5-419）。

圖 5-420

（3）當乙方踩到對方腳時，即又轉側撐擊甲方腰部（圖5-420）。

10. 連消帶打
的應用

（1）甲乙雙方準備格鬥（圖5-421）。

圖 5-421

（2）甲方上步，沖左拳擊打乙方。乙方即以右手殺接甲方左沖拳外簾（圖5-422）。

圖 5-422

（3）當乙方右殺手接甲方左沖拳時，甲方上步打右拳。乙方閃身，即轉拉手；同時，右側撐腿擊打甲方（圖5-423）。

圖 5-423

（4）當乙方右撐腿下落時，即上右步；同時，打出左直拳在甲方臉上（圖5-424）。

圖 5-424

圖 5-425

圖 5-426

二十二、手腳併用的訓練與應用

手腳併用是詠春五枚拳中常見的攻擊法,現作簡單介紹。

1. 手腳併用的訓練

（1）站開鉗陽馬（圖5-425）。

（2）右手近身,左手在外,向身右邊猛拉手。同時,踢出右腳（圖5-426）。練好右邊練左邊。

2. 手腳併用的應用

（1）甲乙雙方準備
格鬥（圖5–427）。

圖 5–427

（2）甲方上前步，
以右直沖拳擊打乙方。乙
方以右攤手攤住甲方右拳
外簾二桐處（圖5–428）。

圖 5–428

（3）乙方攤手轉拉
手，左手將甲方來拳的關
節位用力向右後拉；同
時，起腳踢甲方踝關節
位，摔倒對方（圖5–
429）。

圖 5–429

圖 5-430

二十三、淺談消解腿法

消解腿法是利用重擊對方腳部穴位，即人體薄弱環節，使對方腳部受傷，以此起到阻擊或消解作用。

1. 手消腿擊法

（1）甲乙雙方準備格鬥（圖5-430）。

圖 5-431

（2）甲方以右腳擊乙方腳。乙方以腳還擊，還可以左低膀手防禦，截甲方打來的右腳（圖5-431）。

圖 5-432

（3）乙方左膀手由下轉上托起甲方的右腳。緊接著，乙方右手轉掛拳擊打甲方右膝關節（圖5-432）。

2. 腿消腿擊法

（1）甲乙雙方準備
格鬥（圖5-433）。

圖 5-433

（2）甲方沖右拳或
右標指，起右腳擊打乙
方。乙方迎上，以右攤手
攤對方右手，右腳截甲方
打來的右腳（圖5-434）。

圖 5-434

（3）當乙方右腳落
地時，右手即轉下拉手，
同時打一個左沖拳在甲方
臉上（圖5-435）。

圖 5-435

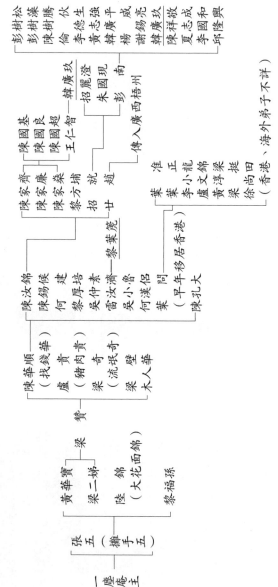

附錄　詠春拳師承表

註：1. 師承表中名字有下畫線的表示從二位師傅或帶技拜師學藝。
　　2. 本表主要介紹彭南師傅傳佛山流派弟子。

彩色圖解太極武術

1 太極功夫扇

定價220元

2 武當太極劍

定價220元

3 楊式太極劍

定價220元

4 楊式太極刀

定價220元

5 二十四式太極拳+VCD

定價350元

6 三十二式太極劍+VCD

定價350元

7 四十二式太極劍+VCD

定價350元

8 四十二式太極拳+VCD

定價350元

9 楊式十六式太極劍拳

定價350元

10 楊氏二十八式太極拳+VCD

定價350元

11 楊式太極拳四十式+VCD

定價350元

12 陳式太極拳五十六式+VCD

定價350元

13 吳式太極拳五十六式+VCD

定價350元

14 精簡陳式太極拳八式十六式

定價220元

15 精簡吳式太極拳三十六式 拳架·推手

定價220元

16 夕陽美功夫扇

定價220元

17 綜合四十八式太極拳+VCD

定價350元

18 三十二式太極拳四段

定價220元

19 楊式三十七式太極拳+VCD

定價350元

20 楊氏五十一式太極劍+VCD

定價350元

21 嫡傳楊家太極拳精練二十八式

定價220元

22 嫡傳楊家太極劍五十一式

定價220元

23 嫡傳楊家太極刀十三式

定價220元

國家圖書館出版品預行編目資料

詠春拳入門必讀(附 VCD)／韓廣玖　著
－初版－臺北市，大展，2010〔民 99‧07〕
面；21 公分－（實用武術技擊；22）
ISBN 978-957-468-758-9（平裝：附影音光碟）
1.拳術　2.中國
528.972　　　　　　　　　　　　　　99009239

詠春拳入門必讀(附 VCD)

著　　者／韓　廣　玖
責任編輯／王　躍　平
發 行 人／蔡　森　明
出 版 者／大展出版社有限公司
社　　址／台北市北投區（石牌）致遠一路 2 段 12 巷 1 號
電　　話／(02) 28236031‧28236033‧28233123
傳　　真／(02) 28272069
郵政劃撥／01669551
網　　址／www.dah-jaan.com.tw
E-mail／service@dah-jaan.com.tw
登 記 證／局版臺業字第 2171 號
承 印 者／傳興印刷有限公司
裝　　訂／建鑫裝訂有限公司
排 版 者／弘益電腦排版有限公司
授 權 者／山西科學技術出版社
初版 1 刷／2010 年（民 99 年）7 月
初版 3 刷／2015 年（民 104 年）3 月　　　　　定　價／330 元

大展好書　好書大展
品嘗好書　冠群可期